Partis politiques français

Attention danger

Jacques Girardot

Partis politiques français

Attention danger

Edition : BoD - Books on Demand
12/14 rond-point des Champs Elysées
75008 Paris
Imprimé par BoD – Books on Demand,
Norderstedt
ISBN : 978-2- 3220-9533-9
Dépôt légal : 07/2016

« *Comment peut marcher la Constitution de 58 et comment marche-t-elle ? Et marche-t-elle très bien, je crois, depuis sept ans ? Elle marche grâce à un chef d'Etat qui n'appartient pas aux partis, qui n'est pas délégué par plusieurs partis, et même à plus forte raison, par tous* »

Charles de Gaulle
15 décembre 1965

Table des Matières

Introduction

Ce livre comporte une série de lettres adressées principalement à la Commission européenne qui démontrent sur la base d'éléments historiques reconnus que les partis politiques français enfreignent gravement notre Constitution et que, de fait, notre Nation est dirigée depuis trente ans par un régime illégitime. Ce dernier donne les pleins pouvoirs au Président de la République en dépit de tout principe démocratique comme l'indépendance des pouvoirs publics ou la souveraineté du Peuple.

Ces violations sont si conséquentes qu'elles nous ont échappé. Ce sont, en effet, les plus gros mensonges qui fonctionnent le mieux et nos partis politiques ont su parfaitement exploiter cette faiblesse de l'esprit humain pour nous imposer leur régime.

En 1965, le général de Gaulle disait :

« Si, à la place de ce chef d'Etat qui est fait pour empêcher que la République ne retombe à la discrétion des partis, on met un chef d'Etat qui n'est que l'émanation des partis, alors, je vous le répète, on n'aura rien fait du tout, et tout ce qu'on aura écrit dans la Constitution ne changera rien à rien. On en reviendra à ce qui était avant, avec, peut-être, quelques formes légèrement différentes, mais on en reviendra au gouvernement - si tant est qu'on puisse l'appeler comme ça - des partis. Et ce serait, j'en suis sûr, comme j'en ai toujours été sûr, une catastrophe nationale. »

Aujourd'hui, nous vivons cette catastrophe.

En 1940, les partis ont su mener à la défaite une armée supérieure en nombre et en moyens à celle de l'Allemagne. Cela a été le résultat d'une multitude d'erreurs de leur part que l'on ne peut plus attribuer aujourd'hui au simple fait de la malchance ou de l'incompétence des responsables politiques de l'époque. En effet, nous vivons à présent, exactement la même situation. L'Etat dispose de moyens colossaux, comme par exemple, une armée de 90 000 agents pour assurer la sécurité de l'Euro 2016, et il est cependant incapable d'éviter le moindre débordement émanant d'une poignée de supporters. Il en est de même des manifestations récentes contre la Loi Travail où, systématiquement, des petits groupes d'individus cassent tout sur leur passage, faisant face à une armée de policiers très supérieure en nombre, mais impuissante. Ces casseurs récidivent à chaque manifestation sans être particulièrement inquiétés. Tous les terroristes qui ont frappé en France, étaient connus des services de renseignement. Certains avait même fait l'objet d'écoutes et étaient considérés comme dangereux par l'Administration. Mais, comme en 1940, le Gouvernement trouve toujours des excuses pour se disculper, et remet systématiquement la faute sur les autres ou sur les circonstances.

Ainsi, face aux multiples menaces qui nous entourent, et notamment le terrorisme, nous sommes exactement dans la même position qu'au moment de la débâcle de 1940, et le résultat sera inévitablement le même, c'est-à-dire la mise en place d'un régime totalitaire comparable à celui de Vichy, qui s'imposera de fait, au regard du chaos qui régnera. Tel est, en réalité, l'objectif visé par les partis depuis 1981 et qu'ils s'étaient également fixés en 1932 dès qu'Hitler avait affiché ses intentions de conquêtes. En 1932, il suffisait d'organiser secrètement la défaite française pour que le chaos soit total et que la dictature s'impose dans le cadre d'un armistice signé avec Hitler. Ainsi, les partis garderaient le pouvoir. Le général de Gaulle avait pressenti ce plan et c'est pour cela qu'il partit en Angleterre dès que l'armistice fut évoqué par la classe politique et avant que les partis remettent unanimement les pleins pouvoirs au maréchal Pétain. Ensuite, durant toute la guerre, il lutta contre le régime de Vichy et dès juin 1946, il proposa une Constitution où les partis n'auraient plus la présidence de la République afin de réfréner leur inclination à instaurer le chaos, comme nous allons le découvrir.

Il ne faut pas regarder les partis politiques à travers leurs responsables ou leurs discours. En fait, ils constituent une organisation unique vieille de plus de deux siècles, qui a été formée par la bourgeoisie qui voulait prendre le pouvoir sur la monarchie et sur le peuple. Celle-ci a pris la forme de plusieurs partis politiques pour faire croire aux Français qu'elle les représentait tous. Mais en réalité, ses dirigeants ont toujours été issus du même milieu. Ils ont fait leurs études dans les mêmes écoles et ont choisi leur parti en fonction des opportunités de carrière qui leur était proposées. Les idéaux défendus par les partis sont pour eux rien de plus qu'un fond de commerce tout comme les voitures le sont pour un représentant automobile ou les pantalons pour un vendeur de prêt-à-porter. Ainsi, depuis 1789, nos responsables politiques ont un profil d'avocat, ce qui leur permet de vendre n'importe quelle cause du moment qu'elle leur rapporte.

Cette organisation, comme toute corporation qui a su traverser les siècles, a un caractère bien forgé qui ne dépend de personne. Elle choisit ses leaders pour satisfaire ses ambitions de domination. Il suffit de regarder l'histoire de France, de la Terreur instaurée en 1792 à aujourd'hui en passant par la dictature napoléonienne et le régime de Vichy, pour s'en convaincre. En son sein, les responsables politiques se battent sans pitié pour prendre la tête, car chacun n'a qu'un seul objectif : disposer de toujours plus de pouvoir et de privilèges. Ainsi, les qualités requises, pour progresser, sont l'hypocrisie, le mensonge, l'esprit de vengeance, l'opportunisme, le mépris, la trahison... C'est donc sur ces compétences que l'organisation recrute ce qui lui permet de poursuivre inlassablement sa quête du pouvoir rencontrant parfois le succès comme en 1789 ou 1940, et par moment l'échec comme en 1944 ou en 1958.

La France est le seul pays en Europe à n'avoir en réalité qu'une seule organisation politique ou un seul parti. Tous les autres Etats membres de l'Union Européenne ont des mouvements politiques indépendants ce qui fait d'eux des démocraties.

L'UE ne peut désormais plus prétendre ignorer cet état de fait. En effet, cela fait maintenant plus de quatre ans que je l'informe régulièrement des dangers que représentent les partis politiques français, non seulement pour notre pays, mais également pour le reste du monde. Mais malheureusement, celle-ci a décidé jusqu'à présent de fermer les yeux et de laisser l'Etat français violer le traité de Lisbonne en toute impunité, comme vous pourrez le constater.

Mais découvrons maintenant, plus en détail, à travers les lettres qui suivent, comment nous avons été trompés et trahis par la classe politique française et comment elle peut, à présent, violer notre Constitution en toute liberté et sans même avoir à se cacher. Nous verrons enfin quelles pourraient être les solutions pour éradiquer ce fléau.

Remarques :
- Ce livre ne reprend que quelques lettres parmi toutes celles qui ont été adressées à la Commission européenne. Celles-ci sont classées, pour une meilleure compréhension, par thème et non par date.
- Pour des raisons de volume, les pièces jointes aux courriers ne figurent pas dans ce document.

Atteinte à la souveraineté du Peuple français et à l'Etat de droit

Ce texte a été transmis au président de la Commission européenne et au Secrétaire général du Conseil de l'Europe.

Atteinte à la souveraineté du Peuple français et à l'État de droit par les partis politiques français

Introduction

Ce document retrace en détail la pratique des institutions françaises de 1958 à 2016, et démontre ainsi l'illégitimité du régime pratiqué aujourd'hui par les partis politiques au regard de l'Etat de droit imposé par le traité de Lisbonne.

Cette nouvelle argumentation apporte ainsi des éléments historiques nouveaux permettant une meilleure compréhension de ce qui s'est produit en France à partir de 1981.

Enfin, une réflexion plus générale sur la classe politique française et la Ve République alerte sur la dangerosité de la situation politique française et sur l'urgence d'une intervention internationale.

Pratique des institutions
de 1958 à 1981

1958 – 1962 - Président : Charles de Gaulle – Premier ministre : Michel Debré

Le 4 septembre 1958, le général de Gaulle présentait aux Français la Ve République comme un régime parlementaire doté d'un chef d'Etat arbitre des pouvoirs publics. Ce juge supérieur de l'intérêt national, tel que le nommait également Michel Debré dans son discours au Conseil d'Etat du 27 aout 1958, devait représenter l'ensemble de la Communauté et se positionner au-dessus des querelles politiques. Le Gouvernement, quant à lui, devait gouverner et le Parlement, contrôler son action et voter les lois :

Discours du général de Gaulle du 4 septembre 1958 place de la République

« Qu'il existe au-dessus des querelles politiques, qu'il existe un arbitre national élu par les citoyens qui ont un mandat public, qui soit chargé d'assurer le fonctionnement régulier des institutions... Qu'il existe un gouvernement qui soit fait pour gouverner, à qui on en laisse le temps et la possibilité, qui ne se détourne pas par rien d'autre de sa tâche, et qui ainsi mérite

l'adhésion du pays... Qu'il existe un parlement destiné à représenter la volonté politique de la Nation, à voter des lois, à contrôler l'exécutif, mais sans sortir de son rôle... »

La Presse avait également expliqué la Ve République dans le même esprit, comme le montre l'article du journal le Parisien libéré du 5 septembre 1958 :

Article de Paul Le Gall, Le Parisien Libéré du 5 septembre 1958, page 9

« RECONSTITUER le pouvoir, séparer les pouvoirs : telles sont les deux idées de la nouvelle Constitution qui, par ailleurs, est la définition d'un régime parlementaire classique.

[...] Le nouveau texte qui sera soumis à référendum le 28 septembre, tire la leçon des erreurs d'un passé récent qui avait conduit le pays, ne l'oublions pas, au bord de l'abîme. Il prévoit d'abord un renforcement des prérogatives du Président de la République qui, élu par un collège élargi (plus de 60.000 électeurs) sera chargé d'assurer le bon fonctionnement des pouvoirs publics. Le Président de la République sera un arbitre, au sens positif du terme. C'est à ce rôle d'arbitre qu'il devra posséder le droit de soumettre à

référendum un projet important, objet d'un conflit entre le Gouvernement et le Parlement, le droit au besoin de dissoudre l'Assemblée nationale si l'absence d'une majorité cohérente paralysait le régime.

[...] Le Président de la République sera donc un arbitre. Ses attributions ne se confondent en aucune manière, en effet, avec celles du Premier ministre qui est le seul chef du pouvoir exécutif. Ce Premier ministre n'est pas responsable devant le Président de la République, mais devant le Parlement. C'est sur sa proposition que le chef de l'Etat désigne les autres membres du Gouvernement.

[...] Le contrôle du Gouvernement s'exercera de deux façons : les députés pourront renverser le Gouvernement, soit en refusant d'approuver son programme ou une déclaration de politique générale, soit en déposant une motion de censure, qui, pour être adoptée, devra réunir la majorité des membres composant l'Assemblée. Les suffrages favorables à la motion de censure étant seuls recensés, ceci afin de décourager les abstentions. »

C'est donc sur ces principes que les Français ont adopté, à une très forte majorité le 28 septembre 1958, leur nouvelle

Constitution.

Le 8 janvier 1979, Michel Debré, Premier ministre de 1958 à 1962, témoignait que le général de Gaulle respectait bien les principes de la Constitution, en laissant son gouvernement gouverner pour le domaine qui lui appartenait :

Emission TV « Question de temps » du 8 janvier 1979, sur Antenne 2

Michel Debré : « Il y a eu, et c'est bien ça qui a été la caractéristique du début de la Ve République et qui venait probablement des rapports particuliers que j'avais avec le général de Gaulle, c'est que j'étais effectivement son principal collaborateur pour les questions qui relevaient, par la force des choses, de lui-même. Mais que j'étais pour le travail législatif, pour le travail gouvernemental et pour la grande œuvre économique et financière, un responsable dont j'oserais dire un responsable aux mains libres. »

1962 – 1968 - Président : Charles de Gaulle – Premier ministre : Georges Pompidou

Le 20 septembre 1962, au sujet du futur référendum pour l'élection au suffrage universel du Président de la République, le général de Gaulle, après avoir rappelé en détail le rôle essentiel du chef de l'Etat dans la Constitution, précisait :

Intervention télévisée du général de Gaulle du 20 septembre 1962

« il faut qu'il [le Président de la République] en reçoive mission de l'ensemble des citoyens, sans qu'il y ait à changer les droits respectifs, ni les rapports réciproques des pouvoirs exécutifs, législatifs, judiciaires, tels que les fixe la Constitution. »

Puis, le 4 octobre 1962, il rajoutait :

Intervention télévisée du général de Gaulle du 4 octobre 1962

« Je crois nécessaire qu'un vote massif de la Nation atteste, en ce moment même, qu'elle a des institutions, qu'elle entend les maintenir et qu'elle ne veut pas, après de Gaulle, revoir l'Etat livré à des pratiques politiques qui la

mèneraient à une odieuse catastrophe, mais cette fois, sans aucun recours. »

Ainsi, le référendum du 28 octobre 1962 a, d'une part, approuvé le suffrage universel et, d'autre part, confirmé la Constitution telle qu'elle avait été comprise en 1958.

Le 27 septembre 2008, à Sciences Po, Edouard Balladur, collaborateur du Premier ministre Georges Pompidou de 1964 à 1968, sous la présidence du général de Gaulle, confirmait que ce dernier avait tenu sa parole :

Colloque Sciences Po « La Ve République en débat », le 27 septembre 2008

Edouard Balladur : « Il se trouve que l'expérience a fait que j'ai été le collaborateur d'un Premier ministre qui était Georges Pompidou à l'époque où de Gaulle présidait l'Etat, qu'ensuite, j'ai été auprès de Pompidou chef de l'Etat et puis qu'ensuite, j'ai moi-même eu des fonctions gouvernementales, donc j'ai pu apprécier les choses et de Gaulle, par exemple, laissait largement gouverner son Premier ministre, il s'occupait des choses essentielles, il tenait tous les trois mois un conseil restreint sur la politique économique et puis il recevait du monde, il s'informait. »

1974 – 1976 - Président : Valéry Giscard d'Estaing – Premier ministre : Jacques Chirac

Le 25 août 1976, Jacques Chirac, alors Premier ministre, remettait la démission de son gouvernement, car il estimait que le Président de la République ne lui donnait pas les moyens suffisants pour assurer ses fonctions.

Allocution de Jacques Chirac du 25 août 1976

« Je viens de remettre la démission de mon gouvernement au Président de la République. Je l'avais préalablement informé de mon intention. En effet, je ne dispose pas des moyens que j'estime aujourd'hui nécessaires pour assumer efficacement mes fonctions de Premier ministre. »

Cette démission montre parfaitement qu'en 1976, la Constitution était toujours interprétée dans l'esprit de 1958, car le Premier ministre revendiquait ici le droit du gouvernement de déterminer et de conduire la politique de la Nation prévu par l'article 20, et celui du Premier ministre de diriger l'action du gouvernement, suivant l'article 21.

Cependant, la décision de Jacques Chirac fut sans doute disproportionnée. En effet, à ce moment-là, la politique de son gouvernement ne donnait pas les résultats escomptés, et la crise ne faisait qu'empirer. Il est donc probable, pour une question d'image, que Jacques Chirac ait décidé de démissionner avant que le Président de la République le lui demande et, pour cela, il lui fallait un prétexte qui ne le mettrait pas en cause.

Jacques Chirac s'est par la suite présenté à l'élection présidentielle de 1981 contre Valery Giscard d'Estaing et, à ce titre, il fallait également qu'il se distingue par rapport à ce dernier. Donc, la raison évoquée pour la démission de son gouvernement n'était sans doute pas tout à fait objective.

1976 – 1981 - Président : Valéry Giscard d'Estaing – Premier ministre : Raymond Barre

Le même jour, le Président de la République annonçait la nomination de

Raymond Barre comme Premier ministre et confirmait qu'il n'avait pas l'intention de limiter ses responsabilités. En effet, à la question « *De ce nouveau gouvernement, quelle nouvelle politique attendez-vous ?* », il répondit que c'était au gouvernement de la déterminer, dès qu'il se serait constitué.

Interview du Président Valery Giscard d'Estaing sur TF1 le 25 août 1976

Journaliste : « Monsieur le Président, de ce nouveau gouvernement, quelle nouvelle politique attendez-vous ? Par de nouveaux moyens, peut-être ? Par de nouvelles réformes ? Peut-être de nouvelles structures, aussi ? Pour réduire l'inflation, malgré la note de la sécheresse et sans aggraver le chômage, pour améliorer les dialogues avec les représentations de toutes sortes et pour redresser la situation du Franc. »

Valéry Giscard d'Estaing : « Je n'ai pas à décrire cette politique, ce serait tomber dans le reproche que vous me faisiez tout à l'heure. C'est le gouvernement qui va l'élaborer. Ce gouvernement sera constitué, je pense, dans la soirée de vendredi. Il devrait être à même de se réunir samedi et il se mettra au travail.

Il devra en quelques jours, définir, préciser la politique qu'il entend suivre. Mon rôle est de tracer les objectifs de cette politique.

Ces objectifs quels sont-ils ? Ce sont les trois suivants :

- premier objectif : lutter contre l'inflation. Non pas l'inflation de 1976, mais le mal permanent et pernicieux de l'inflation en France. Et il doit concevoir une politique mettant la France au niveau des grands pays industrialisés, c'est-à-dire éliminant cette cause profonde de perturbation économique, politique et sociale.

- deuxième objectif : la sécurité des Français dans le monde moderne. Répondre d'une façon moderne et progressive, autant par la prévention que par la répression. Répondre aux besoins de sécurité des Français en traitant l'ensemble des problèmes qui les touchent à cet égard.

- troisième objectif : Poursuivre la politique de réforme dans le sens de la simplification et de l'amélioration des conditions de vie d'un certain nombre de catégories et je citerai, pour 1977, les personnes âgées et la famille. »

Cette réponse confirme donc que la Constitution était bien respectée par le

Président de la République, dans le sens où celui-ci donnait au Gouvernement la liberté de déminer la politique nationale.

Le 27 janvier 1978, à Verdun-sur-le-Doubs, Valéry Giscard d'Estaing introduisait son discours en se présentant comme un abrite national en dehors de toutes querelles politiques comme le veut la Constitution :

Extrait du discours de Valéry Giscard d'Estaing le 27 janvier 1978 à Verdun-sur-le-Doubs

Valéry Giscard d'Estaing : « Certains ont voulu dénier au Président de la République le droit de s'exprimer. Curieuse République que celle qui serait présidée par un muet !

Nul n'est en droit de me dicter ma conduite. J'agis en tant que chef de l'Etat et selon ma conscience, et ma conscience me dit ceci : le Président de la République n'est pas un partisan, il n'est pas un chef de parti. Mais il ne peut pas rester non plus indifférent au sort de la France. Il est à la fois arbitre et responsable. Sa circonscription, c'est la France. Son rôle, c'est la défense des intérêts supérieurs de la nation. La durée de son mandat est plus longue que celle des députés. Ainsi, la Constitution a voulu que chaque président assiste nécessairement à des élections législatives et, si elle l'a doté de responsabilités aussi grandes, ce n'est pas pour rester un spectateur muet. Parmi mes responsabilités, j'ai celle de réfléchir constamment, quotidiennement, aux problèmes de l'avenir, et de mettre en garde les citoyens contre tout choix qui rendrait difficile la conduite des affaires de la France. C'est ce qu'il m'appartient de faire ce soir. Je vous donnerai tous les éléments nécessaires pour éclairer votre décision. Mais, dans la France républicaine, la décision dépendra de vous. Que penseraient et que diraient les Français si dans cette circonstance, leur Président se taisait ? Ils penseraient qu'il manque de courage en n'assumant pas toutes ses responsabilités. Et ils auraient raison. Mais le Président de la République n'est pas non plus l'agent électoral de quelque parti que ce soit. Le général de Gaulle ne l'était pas. Je ne le serai pas davantage. Le Président n'appartient pas au jeu des partis. Il doit regarder plus haut et plus loin, et penser d'abord à l'intérêt supérieur de la Nation. C'est dans cet esprit que je m'adresse à vous. Comme arbitre, je m'exprimerai avec modération, hors des polémiques et des querelles de personnes. »

Ainsi, Valéry Giscard d'Estaing respectait globalement l'esprit de la Constitution tel qu'il avait été approuvé en 1958, et ses propos tenus sur France 2, le 10 mai 2014, sont donc tout à fait fondés.

Valéry Giscard d'Estaing, le 10 mai 2014 - JT de 20h sur France 2

« [La fonction présidentielle] a changé et moi je suis pour la conception de de Gaulle. Quand j'ai été élu, de Gaulle était parti depuis 5 ans, donc c'était près. J'avais été son ministre pendant 7 ans, donc mon modèle c'était de Gaulle, c'était sa conception et pas la conception actuelle. Je vous lis, je vous ai apporté le texte de la Constitution, il y a trois lignes sur le rôle du Président de la République, article 5 :

Le Président de la République veille au respect de la Constitution.

Il assure, par son arbitrage, le fonctionnement régulier des pouvoirs publics ainsi que la continuité de l'Etat. Donc, c'est quelqu'un qui est au-dessus, qui n'intervient pas tout le temps, qui ne prend pas des quantités de décisions, mais qui assure la continuité de l'Etat. »

Le 8 janvier 1979, François Mitterrand,

alors chef du premier parti d'opposition, interrogé sur le rôle du Premier ministre lors de l'émission télévisée « Question de temps » diffusée sur Antenne 2, fit le discours suivant :

Emission TV « Question de temps » du 8 janvier 1979 sur Antenne 2

François Mitterrand : « Il est certain que la nature même du Premier ministre dans les institutions, indépendamment toujours du tempérament des personnes, devrait théoriquement s'inscrire dans les termes de l'article 20 de la Constitution, qui dit que le Gouvernement détermine et conduit les affaires de la Nation. Alors qu'en fait, le Premier ministre n'est que l'exécutant des décisions qui, pour la conduite des affaires de la Nation, sont prises à l'Elysée. La preuve, c'est que sur le plan même de la sémantique, du vocabulaire, l'un des verbes les plus présents dans la bouche de M. Giscard d'Estaing, c'est toujours « je conduis les affaires de la France ». Hé bien, NON. C'est pas lui qui doit les conduire, c'est le Premier ministre. »

[…]

« Il me semble que sous la Ve République, le Président s'arroge les pouvoirs dont devrait

disposer le Premier ministre, et le Premier ministre devient de plus en plus le commis des décisions du Président de la République. Il y a donc un formidable ABUS, qui montre bien que l'inclination naturelle des institutions présentes, ou plutôt de la façon dont on les applique, c'est une tentation vers la monarchie. »

Là encore, nous pouvons constater que la Constitution était également bien comprise par l'opposition. Cependant, il convient de rester très prudent quant aux accusations que porte François Mitterrand, car celles-ci avaient, de toute évidence, un but politique. Mitterrand accusait même le général de Gaulle de ne pas respecter la Constitution [i] et d'imposer son pouvoir personnel sur l'exécutif, alors que des témoignages sérieux et tous les discours du général de Gaulle prouvent aujourd'hui le contraire, comme nous l'avons vu. De plus, nous pouvons constater ici que ses arguments, concernant Valéry Giscard d'Estaing, sont extrêmement faibles.

François Mitterrand, comme nous allons le voir plus bas, fut le premier, une fois élu Président de la République, à faire réellement du Premier ministre son commis, en lui imposant sa politique par le truchement du programme électoral présidentiel. Ainsi, il est probable qu'en accusant systématiquement tous les Présidents de la République depuis de Gaulle d'abuser de leurs pouvoirs sur le Gouvernement, François Mitterrand cherchait, dès le départ, à faire croire que la Constitution, depuis l'instauration du suffrage universel pour les présidentielles, n'était plus respectée dans son esprit initial, le Président de la République imposant dès lors sa prééminence sur le Premier ministre. Ainsi, il n'aurait pas de problème, le jour où il deviendrait Président de la République, à diriger le Gouvernement. Il n'aurait fait que perpétuer une pratique instaurée depuis le général de Gaulle. Mitterrand était une personne manipulatrice et d'une intelligence rare.

Conclusion sur la pratique des institutions de 1958 à 1981

De 1958 à 1981, la Constitution était donc interprétée par l'ensemble de la classe politique suivant l'esprit de 1958. C'est-à-dire, avec un chef d'Etat arbitre des pouvoirs publics, garant des intérêts supérieurs de la Nation et laissant son gouvernement définir et conduire la politique de la Nation suivant la volonté des Français exprimée lors des élections législatives, le Président de la République rappelant au gouvernement l'intérêt national sous la forme de grands objectifs à atteindre.

Elle était également respectée, bien qu'il y ait eu parfois quelques accrochages entre le président de la République et le Premier ministre. Mais globalement, chacun jouait et défendait son rôle sous le regard critique de l'opposition qui guettait le moindre faux pas.

L'élection au suffrage universel du Président de la République adoptée en 1962 n'a donc absolument rien changé à ce qui avait été convenu en 1958.

Pratique des institutions
de 1981 à 2007

En 1981, pour sa campagne présidentielle, François Mitterrand propose un programme extrêmement fourni de 110 propositions et promet de le mettre en œuvre dès qu'il serait Président de la République.

Ainsi, dès qu'il fut élu, il prit naturellement le contrôle sur le gouvernement. Pierre Mauroy, son premier Premier ministre, se félicita d'ailleurs par la suite, d'avoir « *accompli 96 des 110 propositions du candidat Mitterrand[ii].* ». De plus, après avoir dénoncé durant vingt ans que tous les présidents dirigeaient en fait le Gouvernement, personne ne fut surpris de voir François Mitterrand le faire lui-même.

En ayant dissous l'Assemblée nationale juste après son élection, le Président de la République disposait d'une majorité absolue au Parlement, qui lui était toute dévouée pour avoir été élue grâce à lui. Ainsi, la Ve République fut remplacée en quelques jours non pas par un régime présidentiel mais par un absolutisme présidentiel, car le chef de l'Etat dirigeait simultanément l'exécutif et le Parlement, sans oublier qu'il nommait les magistrats et donc avait une certaine influence sur la Justice.

Cependant, contrairement à toute attente, aucun parti politique ne fit d'objection. Mais en réalité, cela n'a rien de surprenant car dès que François Mitterrand s'était emparé des pleins pouvoirs, plus personne ne pouvait le contrer. Ainsi, les partis d'opposition ont dû faire allégeance au nouveau régime. Par ailleurs, comme nous le verrons plus bas, François Mitterrand proposait en contrepartie l'alternance qui ferait que, chacun son tour, les partis accèderaient aux plus hautes fonctions de l'Etat. Il n'y aurait donc plus de longue période où un même parti occuperait le pouvoir comme ce fut le cas durant 20 ans, de 1969 à 1981.

La Presse fut également contrainte de se taire. En contrepartie, elle fut largement alimentée d'informations provenant de l'Elysée ou des ministères, lui permettant de remplir ses journaux. Les meilleurs élèves avaient le droit d'interviewer le Président de la République, ou étaient promus présentateur de JT ou encore, chef de rédaction, comme Jean-Pierre Elkabbach, par exemple. Ce fut également le début de relations plus intimes entre le monde de la politique et celui de la Presse, les deux ayant besoin l'un de l'autre.

La stratégie était parfaite, et personne n'aurait pu l'empêcher. En effet, avant l'élection présidentielle, celui qui aurait reproché à François Mitterrand de vouloir, à travers son programme politique, retirer au Parlement et au Gouvernement leurs pouvoirs constitutionnels, n'aurait jamais été entendu et, après, il était trop tard pour réagir. De plus, l'alternance était un argument très séduisant pour tout le monde.

Ainsi, depuis ce moment-là, toutes les querelles politiques ont été factices. Leur objectif étant de laisser croire que la Ve République était toujours vivante.

En mars 1986, l'Assemblée nationale changea de bord suite aux élections législatives. Cela ne posa pas de problème particulier. En effet, le Président de la République devenait, pour les Français, arbitre et le gouvernement issu de la nouvelle majorité parlementaire reprenait en apparence ses droits sur la politique. Mais dans les faits, François Mitterrand continuait à tout diriger. Il appliqua alors une politique de droite, tout aussi destructrice que la précédente, car le but, pour le régime, n'était pas de redresser le pays, mais au contraire de l'affaiblir.

En effet, il fallait bien un moment où la dictature puisse sortir de la clandestinité pour que les partis n'aient plus à jouer la comédie, et cela ne pouvait se faire qu'en période de crise. En attendant, il fallait donc détruire l'économie du pays, augmenter les dépenses de l'Etat, faire exploser la dette publique, diviser les populations autant que possible, augmenter le chômage, casser le système social, réduire progressivement les libertés individuelles... pour qu'un jour, la nécessité d'un régime fort devienne une évidence pour les Français.

Cependant, les partis au gouvernement devenaient, par cette politique, très rapidement impopulaires. Mais cela n'était pas gênant. Au contraire, leur baisse de popularité profitait à l'opposition qui pouvait ainsi prétendre revenir au pouvoir. Chaque parti pouvait donc accéder chacun son tour à des postes importants et profiter de leurs privilèges.

Sans cette alternance naturelle, François Mitterrand n'aurait sans doute jamais obtenu, pour l'élection présidentielle de 1981, le soutien de certains leaders de droite, et ainsi, n'aurait vraisemblablement jamais été élu. En effet, il est reconnu aujourd'hui, que Jacques Chirac alors président du parti RPR (aujourd'hui parti Les Républicains), fit en sorte au second tour de la présidentielle, que les membres et sympathisants de son parti votent pour François Mitterrand, au lieu de Valéry Giscard d'Estaing, président centriste sortant[iii]. Ainsi, François Mitterrand fut élu et Jacques Chirac lui succéda en 1995.

Cependant, il restait le problème des élections législatives qui survenaient durant le mandat présidentiel. Celles-ci entrainaient obligatoirement, par le phénomène évoqué précédemment, une période de cohabitation. L'opposition reprenait alors la tête du Gouvernement et perdait à son tour rapidement sa popularité. Ainsi, le Président de la République n'étant plus, aux yeux des électeurs, responsable de la politique menée par le gouvernement, remontait dans les sondages et à la présidentielle suivante, était réélu. C'est ce qu'il s'est produit pour François Mitterrand en 1988, et pour Jacques Chirac en 2002. Ainsi, un seul parti gardait la Présidence de la République, ce qui n'était pas satisfaisant pour les autres.

La solution fut de rendre identiques les durées du mandat présidentiel et celle de la législature de l'Assemblée nationale. Les élections législatives se feraient ainsi juste après la présidentielle et il n'y en aurait plus d'autre avant la présidentielle suivante. Les périodes de cohabitation disparaissaient et l'alternance à la présidence de la République pouvait alors se faire.

Le quinquennat fut donc proposé aux Français par voie de référendum le 24 septembre 2000, sous le prétexte d'améliorer la démocratie, comme le montre le discours de Jacques Chirac, et fut adopté.

Allocution télévisée du Président Jacques Chirac du 24 septembre 2000

Jacques Chirac : « Fondée par le général de Gaulle, la Ve République nous a guéris de l'instabilité, de l'impuissance publique, du régime des partis. Ce n'est pas une nouvelle Constitution qu'il nous faut aujourd'hui, c'est donner un nouveau souffle à notre vie démocratique, la rendre plus participative, plus proche des citoyens. »

Ainsi, depuis 2007, la droite et la gauche occupent chacun leur tour la Présidence de la République.

La droite a commencé, car elle avait un temps de retard par rapport au Parti Socialiste. En effet, François Mitterrand était resté 14 ans au pouvoir et Jacques Chirac, seulement 12. La priorité a donc été donnée à

Nicolas Sarkozy. Pour être élu alors que la droite était déjà au pouvoir, celui-ci s'est très clairement distingué de Jacques Chirac pour que la politique de ce dernier ne puisse pas lui être reprochée. Ensuite, la Presse a fait le reste en donnant à Nicolas Sarkozy une importance bien supérieure à celle accordée aux autres leaders politiques, de droite comme de gauche. De plus, le PS s'est arrangé pour désigner une candidate à la présidentielle qui ne faisait pas elle-même l'unanimité dans son parti. Ainsi, son début de campagne fut assez houleux, notamment avec ceux que l'on nomme les « éléphants » du PS. Celle-ci n'avait donc que très peu de chances d'être élue, et Nicolas Sarkozy l'emporta facilement.

En 2012, pour que François Hollande remporte la présidentielle, la droite proposa comme candidat Nicolas Sarkozy qui avait le profil idéal au regard de son impopularité qu'il avait cumulée après cinq ans à la tête de l'Etat.

Enfin, pour que le candidat choisi par le régime soit élu de façon certaine à la présidence de la République, les partis ont mis en place des primaires ouvertes qu'ils organisent eux-mêmes chacun de leur côté.

Comme celles-ci ne sont soumises à aucune obligation légale, leurs résultats ne sont également pas soumis à une obligation d'impartialité ou de loyauté... Il en est de même pour l'égalité de traitement des candidats d'un point de vue financier et dans la Presse qui n'est absolument pas respectée.

La pratique actuelle

Depuis 2007, avec les Présidents Nicolas Sarkozy et François Hollande, l'absolutisme présidentiel s'affiche de plus en plus. Les candidats aux présidentielles continuent à faire campagne sur leur programme politique pour justifier leur mainmise sur l'exécutif. François Hollande avait proposé en 2012, 60 engagements, et Nicolas Sarkozy 32. De quoi occuper un Gouvernement durant cinq ans.

Les élections législatives sont devenues une simple formalité. En effet, elles ne représentent plus aucun intérêt pour les Français, l'élection présidentielle s'étant accaparée le rôle politique qui leur appartenait. Ainsi, l'abstention n'a fait que croître depuis 2002, pour atteindre le taux record de 45 % en 2012.

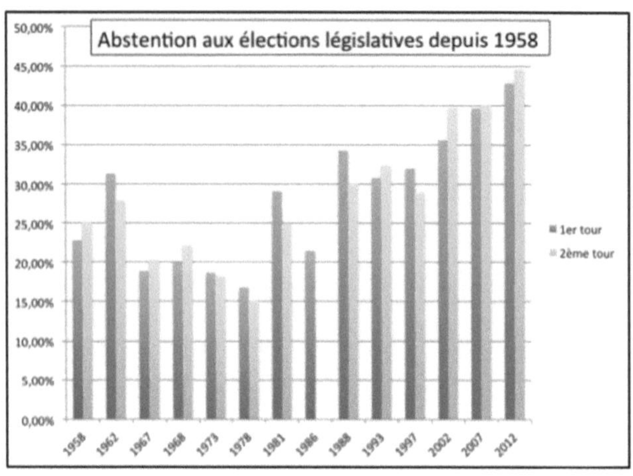

Le Parlement ne fait plus jamais obstacle aux propositions de lois du Gouvernement qui sont systématiquement adoptées depuis au moins 2007. La confiance au Gouvernement, lorsqu'elle est sollicitée, est également toujours accordée. Cependant, cela n'empêche pas les débats partisans, les tentatives de fronde de certains députés de la majorité présidentielle, les manifestations en tout genre, l'usage de l'article 49-3, car cela fait partie du jeu des partis qui doivent en permanence feindre leur indépendance.

En 2016, le Président de la République ne

se cache plus pour choisir lui-même ses futurs ministres, comme le montre la Presse.

Source : Europe1.fr - Tweeter

Or, choisir les ministres est typiquement le rôle du Premier ministre selon l'esprit et le texte de la Constitution, comme le précise l'article 8 : *Sur la proposition du Premier ministre, le Président de la République nomme les autres membres du Gouvernement et met fin à leurs fonctions.*

Certes, dans son rôle d'assurer le bon fonctionnement et l'équilibre des pouvoirs, le Président de la République décide normalement des partis politiques qui seront au Gouvernement. Mais, il revient au Premier ministre de choisir les hommes, sans quoi celui-ci n'est plus considéré par ses ministres qui finissent par l'ignorer totalement, comme l'illustrent les propos d'Emmanuel Macron, ministre de l'Economie, sur BFM-TV le 20 janvier 2016.

Emmanuel Macron invité de Jean-Jacques Bourdin, BFM-TV le 20 janvier 2016

« Si j'étais dans une telle situation (celle de démissionner), j'aurais la discussion avec la seule personne avec qui j'ai à avoir cette discussion : le Président de la République.

Je serai dans le gouvernement de Manuel Valls aussi longtemps que François Hollande le voudra… c'est lui qui le décide. Quand on est ministre de la République, c'est le Président de la République qui décide, ce n'est pas vous. »

Le Président de la République décide maintenant ouvertement de tout : des objectifs, des solutions politiques et des méthodes pour les mettre en œuvre. Le Gouvernement n'a plus aucune liberté.

Par exemple, Le 14 janvier 2014, le Président de la République présentait à la Presse son plan contre le chômage, le « Pacte de responsabilité » élaboré par un de ses conseillers. Lors de son discours, François Hollande impose au Gouvernement un planning détaillé des opérations et lui demande également d'engager sa responsabilité devant l'Assemblée nationale. Ce fut le Gouvernement Valls, nommé trois mois plus tard, qui s'exécuta.

Allocution du Président Hollande le 14 janvier 2014

« Et c'est pourquoi j'ai proposé le Pacte de responsabilité […]

Cela signifie un calendrier particulièrement dense et serré. Le 21 janvier, je m'adresserai, ici-même, à l'ensemble des acteurs économiques et de l'emploi, pour lancer officiellement le Pacte et ses chantiers. Les partenaires sociaux seront reçus les jours suivants par le Premier ministre et les ministres concernés. Avant la fin du mois de janvier, les Assises de la fiscalité des entreprises seront installées par Jean-Marc Ayrault. Le Haut conseil de financement de la protection sociale, celui qui doit réfléchir justement au mode financement, donnera un premier rapport fin février. Enfin, en avril, le Gouvernement lancera un deuxième train de mesures de simplification. Toutes ces discussions se poursuivront et se concluront lors de la Grande conférence sociale du printemps. Un document formalisera les engagements du Pacte et les modalités de suivi des contreparties. Le Gouvernement engagera sa responsabilité devant l'Assemblée nationale sur ce texte.

Une loi de programmation de nos finances publiques et sociales sur la période 2015-2017 sera votée à l'automne. Elle sera en cohérence avec ce qui aura été décidé dans le Pacte de responsabilité mais aussi de la remise à plat de la fiscalité notamment pour les ménages qui a été engagée par le Premier ministre. »

Engagement de responsabilité du Gouvernement le 8 avril 2014

Premier ministre Manuel Valls : « L'idée du Pacte de responsabilité et de solidarité est simple : Chacun doit s'engager pour l'emploi. C'est une initiative novatrice dans un pays comme le nôtre. Notre pays doit apprendre à oser ses compromis positifs et créatifs. Les divergences d'intérêts existent, elles ont toujours existé. Il ne s'agit pas de les effacer, mais de les dépasser pour l'intérêt général. C'est ça la modernité et il faut maintenant donner corps à ce Pacte. Le Président de la République avait indiqué, le 14 janvier, que le Gouvernement engagerait sa responsabilité sur ce Pacte, c'est donc ce qu'il fait aujourd'hui devant vous. »

Une telle situation n'aurait jamais pu se produire il y a trente ans car, soit le Premier ministre aurait démissionné comme l'avait fait Jacques Chirac en 1975 pour des motifs moindres, soit l'opposition aurait refusé de voter pour une politique générale venant du Président de la République. En effet, l'objet du vote de confiance est de pouvoir destituer le Gouvernement si la politique qu'il propose ne convient pas. Mais si la politique est dictée par le Président de la République, alors le vote de confiance n'a plus aucun sens. Or, aucun parti politique n'a soulevé ce problème. Tous, au contraire, ont joué le jeu du Président de la République en se disputant uniquement sur le contenu de la politique proposée et en s'arrangeant pour que, finalement, le Parlement accorde sa confiance au Gouvernement, comme d'habitude.

En dehors des micros et des caméras, le régime retire progressivement et insidieusement des libertés fondamentales aux Français. La loi sur le renseignement et les mesures d'état d'urgence qui vont vraisemblablement se généraliser, sont des exemples flagrants. Mais il y a aussi des mesures plus sournoises, comme par exemple, la réforme du Code de procédure civile mise en application le 1er mars 2006. Celle-ci permet dorénavant aux banques et aux grands bailleurs d'obtenir systématiquement raison en justice dans le cadre des procédures de recouvrement ou d'expulsion. Ces nouvelles dispositions de 2006 privent de façon insidieuse l'intéressé de son droit à un procès équitable et celui-ci se voit alors condamné à verser le maximum de dédommagements au demandeur sans avoir le moindre recours possible. La réforme du Code électoral de 1988, mise en application en 1989, est également un autre exemple. Celle-ci facilite la triche électorale et permet ainsi au régime de garantir l'élection du candidat souhaité. [Ces deux exemples sont développés dans les prochains chapitres]

Enfin, nous pouvons constater que depuis 1981, la situation économique et sociale de la France n'a cessé de se détériorer, le chômage continue inexorablement son ascension, la dette publique atteint des records historiques, la misère s'installe durablement, le système social est au bord de la faillite, la fracture sociale n'a jamais été aussi importante, les clivages au sein de la société se développent et la France est devenue la première cible du terrorisme en Europe.

Le plan initié en 1981 se déroule donc comme prévu et le régime va pouvoir bientôt sortir de l'ombre.

Illégitimité du régime actuel

Toutes les théories en droit visant à légitimer l'absolutisme présidentiel actuel, deviennent caduques, dès lors que l'on considère le problème sous l'angle de la souveraineté du Peuple français qui n'a jamais donné son accord, ni même été interrogé, pour que le régime parlementaire qu'il avait adopté en 1958 et qui avait été respecté durant plus de 20 ans, soit remplacé d'autorité par un régime présidentiel totalitaire.

Aujourd'hui, les partis politiques voudraient faire croire aux Français que la Constitution serait comme un menu à la carte. L'article 20, par exemple, ne serait pas obligatoire tant que le Premier ministre ne le revendiquerait pas. Le Président de la République aurait également le choix de se comporter en arbitre ou en chef de Gouvernement suivant qu'il choisisse ou non le plat numéro 5. Ainsi, la Constitution ne donnerait que des droits et aucune obligation. Or, une Constitution est avant tout, une liste de devoirs pour les responsables d'un Etat qu'ils soient élus ou non. Ainsi, les articles 5 et 20, qui ne sont plus appliqués aujourd'hui, sont des obligations et non des options. C'est comme cela que les Français l'ont compris en 1958 et que durant plus de 20 ans toute la classe politique leur a donné raison.

C'est donc un véritable coup d'Etat que la France a vécu en 1981.

RÉFLEXION SUR LA Ve RÉPUBLIQUE

J'ai l'intime conviction que la Ve République était dès le départ, pour le général de Gaulle, un piège tendu aux partis dont il connaissait les intentions pour avoir été le témoin des événements qui ont conduit à l'instauration du régime de Vichy. Il savait que la classe politique s'emparerait un jour de la présidence de la République et qu'elle remettrait ainsi en place son régime, en dépit de la Constitution. En effet, les pouvoirs supérieurs donnés au Président de la République n'étaient pas suffisamment contrôlés et les partis ne résisteraient pas longtemps à la tentation d'en abuser. Il aurait fallu par exemple, donner plus de pouvoir et d'indépendance au Conseil constitutionnel pour éviter les débordements. Mais rien n'a été fait dans ce sens, alors que le général de Gaulle avait parfaitement conscience du danger, comme le montre son entretien avec Michel Droit du 15 décembre 1965.

Entretien avec Michel Droit
du 15 décembre 1965

Général de Gaulle : « Si malgré l'enveloppe, malgré les termes, malgré l'esprit de ce qui a été voté en 1958, les partis se ré-emparent des institutions de la République, de l'Etat, alors évidemment rien ne vaut plus. Or, ce qui est en train d'être essayé, c'est, par le détour de l'élection au suffrage universel, de rendre l'Etat à la discrétion des partis. [...]
Si à la place de ce chef d'Etat, qui est fait pour empêcher que la République ne retombe à la discrétion des partis, on met un chef d'Etat qui n'est que l'émanation des partis, alors, je vous le répète, on n'aura rien fait du tout et tout ce que l'on aura écrit dans la Constitution ne changera rien à rien. On en reviendra à ce qui était avant, avec peut-être quelques formes légèrement différentes, mais on en reviendra au Gouvernement, si tant est que l'on puisse l'appeler comme cela, des partis et ce serait, j'en suis sûr, comme j'en ai toujours été sûr, une catastrophe nationale. »

Dès 1960, avec la naissance de l'Europe et l'apparition des premières organisations internationales pour la défense des droits de l'Homme et de la démocratie, il était prévisible qu'il existerait un jour, un traité qui contraindrait l'Etat français à respecter l'Etat de droit. Il suffirait alors qu'une procédure judiciaire soit lancée, soit par l'Union européenne, soit par un de ses Etats membres, pour que les partis politiques français soient condamnés pour trahison et disparaissent à jamais du paysage. Certes, pour que ce scénario se produise, il fallait également que la France devienne un danger pour ses partenaires. Car sans intérêt économique ou sécuritaire, aucun Etat ne prendrait le risque d'attaquer en justice un pays parmi les plus puissant d'Europe. Sur ce point, il n'y avait pas d'inquiétude à avoir, car les partis ont toujours conduit la Nation à la catastrophe et les liens qui allaient se tisser entre les Etats membres de l'UE allaient faire que la France entrainerait inévitablement avec elle toute l'Union dans sa chute.

Il n'y avait pas, en effet, d'autre solution pour éradiquer les partis politiques français dont les intentions ont toujours été d'imposer leur dictature depuis qu'ils se sont constitués, il y a plus de deux cents ans.

A présent, toutes les conditions sont réunies. Le traité de Lisbonne est ratifié depuis 2008 et la France représente un réel danger pour l'UE, non seulement économique mais également sécuritaire, car elle est devenue l'épicentre du terrorisme en Europe.

Cependant, il ne faudrait pas, comme il semblerait se dessiner aujourd'hui, que des considérations purement financières viennent affaiblir le traité de Lisbonne, comme le traité de Versailles fut oublié dès 1929, pour les mêmes raisons. Aujourd'hui, les richesses françaises sont bradées en raison de la crise économique et elles le seront davantage demain si sa situation se dégrade encore. La France deviendra alors le « royaume des bonnes affaires » pour certains, mais aussi une « bombe » pour l'Europe, tout comme le fut l'Allemagne dès 1929.

En 1929, l'UE n'existait pas. Ainsi, chacun ne voyait que ses propres intérêts et agissait librement en dépit des autres, ce qui a conduit à la guerre. Aujourd'hui les choses ont changé et il existe une organisation chargée de défendre les intérêts de la Communauté. Mais encore faut-il qu'elle remplisse sa mission et qu'elle n'utilise pas les pouvoirs qui lui ont été conférés uniquement pour satisfaire les intérêts financiers d'une minorité. Car dans ce cas, nous nous retrouverons inévitablement, un jour ou l'autre, dans une situation similaire à celle de 1939 et les alliances d'aujourd'hui ne seront pas plus respectées qu'elles ne l'ont été en 1940.

De Gaulle était un grand visionnaire et il avait toujours plusieurs coups d'avance sur ses adversaires, ce qui lui permit notamment de vaincre le régime de Vichy qui était pourtant soutenu par les Alliés jusqu'en 1944. Ainsi, un tel plan est tout à fait dans ses cordes.

Cependant, que la situation ait été calculée ou qu'elle soit du simple fait des circonstances n'a pas beaucoup d'importance. Il se trouve qu'aujourd'hui les conditions sont réunies pour mettre un terme à un mal profondément enraciné et qui menace, une fois de plus, d'ébranler l'humanité. Nous avons vu en 1940 ce que cela a déjà donné. Si les partis politiques français ne s'étaient pas ralliés à Hitler en dépit de tous les accords passés, des millions de vies auraient sans doute été épargnées. On ne change pas l'esprit d'une organisation vieille de plus de deux siècles.

Atteinte à la souveraineté du Peuple français et à l'État de droit par les partis politiques français

COMPLÉLENT

Introduction

Ce document avec son CD ROM apporte deux éléments essentiels qui confirment les faits dénoncés dans le document précédant. Il s'agit :

- du discours de Michel Debré, le 27 aout 1958, devant le Conseil d'Etat.
- du discours du général de Gaulle aux Français, le 20 septembre 1962.

Discours du 27 aout 1958 de Michel Debré devant le Conseil d'Etat

Ce discours a été prononcé devant le Conseil d'Etat pour finaliser le processus d'élaboration de la nouvelle Constitution, celle-ci devant être proposée aux Français, par référendum, un mois plus tard. Michel Debré, alors garde des Sceaux, était en charge de ce projet.

Son discours, en plus d'expliquer la nouvelle Constitution, présente les deux motifs majeurs qui ont permis d'en définir les principes. Les voici :

1 - Les Républiques précédentes avaient montré qu'un régime d'assemblée livré à lui-même, où la totalité du pouvoir, en droit et en fait, appartenait à un parlement, conduisait inexorablement à l'échec du fait des difficultés permanentes que rencontraient les partis politiques pour se mettre d'accord sur des sujets essentiels.

2 - Un régime présidentiel où le pouvoir exécutif appartiendrait entièrement à une seule personne élue au suffrage universel serait très dangereux pour la France.

Ainsi, une troisième solution fut élaborée. Celle-ci consiste en un <u>régime parlementaire</u> introduisant la collaboration des pouvoirs c'est-à-dire un chef de l'État et un parlement séparés, encadrant un gouvernement issu du premier et responsable devant le second.

Le chef de l'Etat n'étant pas, de fait, mêlé aux querelles partisanes propres au Parlement, assure le rôle d'arbitre national nécessaire au bon fonctionnement du régime parlementaire. A ce titre, il demande, si besoin, une deuxième lecture des lois ; il peut également saisir le Comité constitutionnel s'il a des doutes sur la valeur de la loi, au regard de la Constitution ; il juge de l'opportunité de demander l'avis du peuple par référendum ; enfin, il dispose d'une arme capitale : la dissolution de l'Assemblée nationale.

La Ve République fait ainsi du Président de la République, la clef de voûte du régime parlementaire. Il a pour rôle essentiel de faciliter la création d'une politique commune. Il est, de fait, le représentant de tous les Français et non d'un parti.

Voilà très brièvement, la teneur du discours prononcé par Michel Debré devant le Conseil d'Etat, le 27 aout 1958. Celui-ci affirme parfaitement les principes énoncés par le général de Gaulle le 4 septembre 1958 et précise également que la Vème république est <u>fondamentalement un régime parlementaire</u> et non présidentiel, contrairement à la pratique actuelle.

Discours du général de Gaulle aux Français, du 20 septembre 1962

Ce discours annonce officiellement aux Français qu'ils seront amenés à se prononcer prochainement par référendum, sur l'élection du Président de la République, au suffrage universel. Le général de Gaulle explique ainsi en détail la nécessité d'une telle réforme et précise également, sans aucune ambiguïté, que celle-ci ne changera en rien le fonctionnement des institutions, tel qu'il est inscrit dans la Constitution.

Pour que ce dernier point essentiel soit bien compris, le Général de Gaulle rappelle le rôle du chef de l'Etat dans la Ve République et le caractère parlementaire de celle-ci, sans oublier de préciser que le Président de la République pouvait cependant, en cas de nécessité, être amené à conduire l'action nationale.

« Il arrive qu'il [le Président de la République] ait à la conduire, comme par exemple je l'ai fait dans toute l'affaire algérienne. Certes, le Premier ministre et ses collègues, sur la base ainsi tracée, ont à déterminer à mesure la politique et à diriger l'administration. Certes, le Parlement délibère et vote les lois, contrôle le

Gouvernement et a le droit de le renverser. Ce qui d'ailleurs marque le caractère parlementaire du régime. Mais pour maintenir en tous les cas l'action et l'équilibre des pouvoirs et pour mettre en œuvre, s'il le faut, la souveraineté du peuple, le Président dispose en permanence de la possibilité de recourir au pays. Soit par la voie du référendum, soit par celle des élections, soit par l'une et l'autre à la fois. »

Puis, il conclut :

« il faut qu'il [le Président de la République] en reçoive mission de l'ensemble des citoyens, sans qu'il y ait à changer les droits respectifs, ni les rapports réciproques des pouvoirs exécutifs, législatifs, judiciaires, tels que les fixe la Constitution. »

Ainsi, lorsque les Français ont donné leur accord le 28 octobre 1962 pour l'élection du Président de la République au suffrage universel, il n'était pas question de revoir le rôle d'arbitre du chef de l'Etat ou de remettre en cause le régime parlementaire pour le remplacer par un régime présidentiel où le Premier ministre, en dépit de l'article 20, serait subordonné au Président de la République, comme c'est le cas aujourd'hui. Il est d'ailleurs probable que si une telle éventualité avait été annoncée, alors les Français auraient simplement refusé, compte tenu des dangers que représentait un tel régime.

Ainsi, la pratique institutionnelle actuelle, telle qu'elle est décrite sur le site internet officiel de l'Assemblée nationale, est totalement contraire à ce qui avait été convenu entre L'Etat et les Français au moment du référendum du 27 octobre 1962 et constitue donc une atteinte grave à la souveraineté du Peuple français.

La pratique institutionnelle présentée sur le site de l'Assemblée nationale

« Au-delà de la répartition constitutionnelle des pouvoirs entre les deux têtes de l'exécutif, l'élection au suffrage universel direct est l'élément déterminant qui donne au Président de la République une prééminence sur le Premier ministre. Le chef de l'État ne peut rester cantonné, comme il l'était sous les Républiques précédentes, dans un simple rôle de représentation ; il ne peut, selon la formule du général de Gaulle, limiter son action à « inaugurer les chrysanthèmes ».

Certes, en pratique, l'étendue des pouvoirs du Président de la République varie selon que la majorité de l'Assemblée nationale coïncide ou non avec celle qui l'a élu.

Dans le premier cas, le chef de l'Etat choisit librement le Premier ministre qui lui est donc subordonné. Il a même la latitude de lui demander sa démission. Malgré les dispositions de l'article 20 de la Constitution qui prévoient que le Gouvernement détermine et conduit la politique de la Nation, le Président de la République en fixe les grandes orientations.

Dans les situations de « cohabitation », c'est-à-dire lorsqu'une majorité hostile à sa politique est élue à l'Assemblée nationale, il en va autrement. Le Président de la République doit choisir le Premier ministre en son sein pour que le Gouvernement dispose du soutien de l'Assemblée. S'agissant des ministres, la pratique a montré que le Président de la République dispose tout au plus d'un droit de veto pour certaines fonctions dites de souveraineté. Dans le domaine de la politique intérieure, l'influence du chef de l'Etat se trouve réduite. Ce n'est que dans le domaine de la politique étrangère, pour lequel la Constitution lui reconnaît des pouvoirs propres, qu'il conserve l'essentiel de ses prérogatives. Encore doit-il les exercer en concertation avec le Premier ministre.

L'étendue des pouvoirs du Président de la République, et donc la nature du régime, dépendant ainsi de la situation politique. Mais la réduction à cinq ans du mandat présidentiel et le fait que l'élection du chef de l'Etat précède désormais celle de l'Assemblée nationale, doivent limiter les cas de coexistence d'un président issu d'une majorité et d'une Assemblée issue d'une autre. La prééminence du Président de la République est ainsi renforcée. »

Violations de notre Constitution admises par les parlementaires

6 octobre 2015

Sujet : Elément de preuve sur les violations de la Constitution française

Monsieur le Président de la Commission européenne,

Je vous apporte un élément de preuve sur plusieurs violations de la Constitution française par le Président de la République rendues possibles par la complicité des partis politiques.

Il s'agit du rapport publié par l'Assemblée nationale portant sur l'avenir des institutions. Celui-ci est le fruit d'une étude de 11 mois, menée par un groupe de travail initié par le Président de l'Assemblée nationale, Monsieur Bartolone. Plusieurs députés, sénateurs et personnes qualifiées y ont participé. Le rapport a été remis au Président de la République le 26 septembre 2015 et a été rendu public le 2 octobre 2015.

Compte tenu de son volume (229 pages), seul des extraits du rapport seront repris dans ce courrier. La version complète du document est accessible sur le site gouvernemental de l'Assemblée nationale à l'adresse suivante :

http://www2.assemblee-nationale.fr/14/commissions-permanentes/avenir-des-institutions

Extrait page 11

PRÉSENTATION

Le présent rapport est le fruit d'une réflexion menée entre les mois de novembre 2014 et de septembre 2015, par le groupe de travail sur l'avenir des institutions.

Réuni à l'initiative du Président de l'Assemblée nationale, M. Claude Bartolone, ce groupe de travail s'est distingué d'emblée par son origine, sa composition et l'angle sous lequel il a choisi d'aborder ses travaux. Il s'agit de la première mission de réflexion sur les institutions d'importance qui n'a pas été réunie par un Président de la République mais par le Parlement lui-même. Cette genèse a permis au groupe de travail d'organiser ses travaux avec une grande liberté et de produire une réflexion originale dans l'histoire de la Ve République. Résolument mixte, co-présidé par un historien faisant autorité, M. Michel Winock, le groupe se composait de onze élus, députés ou sénateurs, et de douze personnalités qualifiées (1). Cette diversité a conduit à aborder la question des institutions de la Ve République non sous le seul angle juridique, mais en les inscrivant dans une perspective historique, politique et sociale plus large.

Extrait page 13

AVANT-PROPOS DE M. CLAUDE BARTOLONE PRÉSIDENT DE L'ASSEMBLÉE NATIONALE, CO-PRÉSIDENT DU GROUPE DE TRAVAIL
Le présent rapport naît d'une conviction profonde : la Ve République souffre d'une insuffisance démocratique.

Le rapport montre clairement que le Président de la République ne respecte pas les articles 5, 20, 49 et 50 de la Constitution et qu'il assume aujourd'hui un rôle qui excède ses attributions constitutionnelles.

Exerçant la fonction symbolique d'incarner la Nation, le Président de la République s'attribue aussi la fonction politique d'un chef de majorité, contrairement aux articles 20 et 21 de la Constitution, selon lesquels « le Gouvernement détermine et conduit la politique de la Nation » / « le Premier ministre dirige l'action du Gouvernement ».

LA PRIMAUTÉ DU CHEF DE L'ÉTAT S'EST MUÉE, DANS LA PRATIQUE, EN UNE TOUTE-PUISSANCE
Les pouvoirs du Président de la République empiètent sur ceux du Premier ministre...
Aux termes de l'article 20 de la Constitution : «Le Gouvernement détermine et conduit la politique de la Nation ». En vertu de son article 5, le Président de la République joue un rôle d'arbitre et veille au « fonctionnement régulier des pouvoirs publics », à « la continuité de l'État », à « l'indépendance nationale, l'intégrité du territoire et [le] respect des traités. ». Dans les faits, le Président assume un rôle qui excède celui que lui destine le texte constitutionnel.
[...]

La responsabilité du Gouvernement n'est prévue, aux termes des articles 49 et 50 de la Constitution, que devant le Parlement. En réalité, en dehors des périodes de cohabitation, le Président de la République n'hésite pas, s'il l'estime nécessaire, à démettre le Premier ministre de ses fonctions.

Cela montre notamment que la démission du Premier ministre, Monsieur Ayrault, était en fait anticonstitutionnelle, car elle fut à l'initiative du Président Hollande, comme le montrent l'allocution de ce dernier le 31 mars 2014 et l'interview de Monsieur Ayrault sur RFI le 15 mai 2014.

Allocution du Président de la République le 31/03/2014[iv]

« Ce redressement, je l'ai donc décidé dès mon arrivée à la tête de l'Etat, et sans cet effort national, la France aurait continué à décrocher.

Le Gouvernement de Jean-Marc AYRAULT s'est consacré avec courage et abnégation à cette tâche difficile. Il a réussi à rétablir la situation très dégradée dont nous avons héritée. Il a engagé des réformes qui feront honneur à celles et ceux qui les ont proposées et votées. Je veux lui exprimer ma reconnaissance. Il est temps aujourd'hui d'ouvrir une nouvelle étape et j'ai donc confié à Manuel VALLS la mission de conduire le Gouvernement de la France. Ce sera une équipe resserrée, cohérente et soudée. Un gouvernement de combat ... »

Monsieur Ayrault le 15 mai 2015 sur la Radio RFI[v]

RFI : « Est-ce que vous auriez eu envie de continuer ? »
M. Ayrault : « Moi, j'étais prêt, mais ce n'est pas la question. »

Il en est de même de la démission du premier Gouvernement de Monsieur Valls, le 25 août 2014. En effet, si celle-ci avait été à l'initiative du Premier ministre comme l'aurait voulue la Constitution, alors celui-ci aurait refusé d'être nommé à nouveau Premier ministre le même jour, comme cela a été le cas. Par ailleurs, le Premier ministre, s'il le souhaite, peut changer à tout moment ses ministres comme le prévoit l'article 8 et il n'a pas besoin de présenter la démission de son Gouvernement pour cela. Cependant, en imposant la démission du Gouvernement, le Président de la République donne une dimension supérieure à l'événement et en devient l'acteur principal.

Article 8 de la Constitution

Le Président de la République nomme le Premier ministre. Il met fin à ses fonctions sur la présentation par celui-ci de la démission du Gouvernement.
Sur la proposition du Premier ministre, il nomme les autres membres du Gouvernement et met fin à leurs fonctions.

Décret du 25 août 2014 relatif à la cessation des fonctions du Gouvernement

Article 1 :
Il est mis fin, sur la présentation de la démission du Gouvernement, aux fonctions de M. Manuel VALLS, Premier ministre, et des autres membres du Gouvernement.

Décret du 25 août 2014 portant nomination du Premier ministre

Article 1 :
M. Manuel VALLS est nommé Premier ministre.

Pour justifier les excès de pouvoir du Président de la République, le rapport évoque une pratique des institutions qui permettrait au Président de la République de transgresser le texte de la Constitution.

Extrait page 77

Cette mainmise du Président résulte notamment de la légitimité que procure une élection au suffrage universel direct et de la pratique des institutions.

Il est évident que cet argument n'est pas recevable. En effet, rien ne peut faire autorité supérieure à la Constitution d'une Nation.

Le général de Gaulle parlait effectivement d'une pratique des institutions qui dépendait, selon lui, des hommes et des circonstances. Cependant, jamais il n'a prétendu que celle-ci pouvait autoriser le Président de la République, ou le Premier ministre ou le Parlement à enfreindre les textes constitutionnels. Au contraire, il avait démontré que la Constitution actuelle pouvait être respectée dans son esprit et dans ses termes quelles que soient les personnalités de chacun et les situations, ce qui faisait de la Constitution de 1958 une réussite.

Général de Gaulle le 31 janvier 1964
Conférence de presse

« Alors il y a aussi la pratique, et celle-ci dépend évidemment, pour une part, des hommes. A ce sujet, pour ce qui est du Président, il est vrai que son équation personnelle a compté mais je doute que dès l'origine, on ne s'y attendit pas. Et quant aux ministres, et pour commencer au Premier, c'est-à-dire successivement monsieur Michel Debré et monsieur Georges Pompidou, ils ont agi avec une efficacité évidente, mais chacun à sa façon et qui n'était pas la même. Pour ce qui est du Parlement, il a exercé le pouvoir législatif, mais il a imprimé à sa tâche et à son attitude, un rôle différent, suivant qu'il vivait sous l'actuel régime sa première ou sa deuxième législature. Et quant aux circonstances, elles ont été, elles aussi, variables. Puisqu'elles ont comporté notamment, des instants où la République s'est trouvée menacée par une grave subversion.

Eh bien l'épreuve des hommes et des circonstances a montré que l'instrument répond à son objet. Non pas seulement dans les moments de relative tranquillité, mais aussi dans les moments difficiles. Et sur ce dernier point on a pu constater que la Constitution offre les moyens d'y faire face. C'est-à-dire : le

référendum, l'article 16, la dissolution de l'Assemblée nationale.
Par conséquent, il me semble qu'il y a, depuis 5 ans, une réussite constitutionnelle. »

Le rapport prétend également que les abus de pouvoir du Président de la République seraient justifiés par le fait qu'ils aient été introduits par le général de Gaulle.

Extrait page 77

« M. Michel Winock rappelait une formule du général de Gaulle dans un entretien accordé à Alain Peyrefitte : « Le chef du Gouvernement, c'est moi ! » (1).
Cette pratique des institutions, du moins dans les faits et en période de cohabitation, entérinée par le premier Président de la Ve République, n'a été démentie par aucun de ses successeurs. »

Or, cet argument est inexact car le général de Gaulle affirmait au contraire qu'il ne fallait pas que le Président de la République se substitue au Premier ministre. De plus, messieurs Edouard Balladur et Valéry Giscard d'Estaing, qui ont travaillé tous les deux avec le Général, témoignent que celui-ci respectait bien ce principe.

Général de Gaulle le 31 janvier 1964 – Conférence de presse[vi]

« Il serait foncièrement mauvais que dans les temps ordinaires, la fonction et le champ d'action du Président de la République soient confondus avec ceux du Premier Ministre. »

Valéry Giscard d'Estain le 10 mai 2014 - JT de 20h sur France 2[vii]

« [La fonction présidentielle] a changé et moi je suis pour la conception de Gaulle. Quand j'ai été élu, de Gaulle était parti depuis 5 ans, donc c'était près. J'avais été son ministre pendant 7 ans, donc mon modèle c'était de Gaulle, c'était sa conception et pas la conception actuelle. Je vous lis, je vous ai apporté le texte de la Constitution, il y a trois lignes sur le rôle du Président de la République, article 5 :
Le Président de la République veille au respect de la Constitution. Oui, Bon…
Il assure par son arbitrage le fonctionnement régulier des pouvoirs publics ainsi que la continuité de l'Etat. Donc, c'est quelqu'un qui est au-dessus, qui n'intervient pas tout le temps, qui ne prend pas des quantités de décisions,

mais qui assure la continuité de l'Etat. »

Edouard Balladur le samedi 27 septembre 2008 – Colloque Sciences Po

« Il se trouve que l'expérience a fait que j'ai été le collaborateur d'un Premier ministre qui était Georges Pompidou, à l'époque où de Gaulle présidait l'Etat, qu'ensuite j'ai été auprès de Pompidou chef de l'Etat et puis qu'ensuite j'ai moi-même eu des fonctions gouvernementales, donc j'ai pu apprécier les choses et de Gaulle par exemple laissait largement gouverner son Premier ministre, il s'occupait des choses essentielles, il tenait tous les trois mois un conseil restreint sur la politique économique et puis il recevait du monde, il s'informait. Mais il était beaucoup moins présent que ne l'était, par exemple, Pompidou qui ayant été un Premier ministre compétent, est demeuré un Président assez intervenant. »

Le rapport sur l'avenir des institutions est donc de toute évidence pas très honnête sur ses arguments. Cependant, il nous apporte la preuve irréfutable que le Président de la République ne respecte pas la Constitution et que les partis politiques le soutiennent dans cette voie.

En pratiquant ainsi, le chef de l'Etat s'est octroyé les pouvoirs : exécutif, en exerçant son autorité sur le Gouvernement ; législatif, en se positionnant chef de la majorité parlementaire et judiciaire en ayant autorité sur la carrière des magistrats. La France est donc maintenant sous un régime totalitaire illégitime qu'aucune autorité nationale ne pourra être en mesure de destituer. Les partis n'ont qu'un rôle figuratif qui visiblement leur convient parfaitement.

[...] Par ailleurs, comment des personnes qui admettent que le Président de la République puisse ignorer la Constitution du fait qu'il soit élu au suffrage universel, peuvent-elles être sincères en proposant une Constitution où le chef d'Etat serait toujours élu au suffrage universel et garderait les mêmes pouvoirs ?

Extrait pages 81

Les membres du groupe de travail ont estimé que réorienter la fonction du Président de la République vers les missions que lui confère l'article 5 de la Constitution n'impliquait pas non plus de lui retirer les pouvoirs qu'il tire de la pratique institutionnelle et de la légitimité conférée par le suffrage universel.
Ainsi, dans sa majorité, le groupe de travail n'a

pas retenu de proposition remettant en cause les pouvoirs essentiels du Président de la République. Le Président de la République doit continuer à présider le Conseil des ministres, comme le prévoit l'article 9 de la Constitution, et demeurer seul détenteur du droit de dissolution prévu par son article 12. Il ne doit pas être tenu de désigner à la tête du Gouvernement le chef du parti devenu majoritaire à l'issue des élections législatives, comme certains ont pu le préconiser. Enfin, la pratique développée en marge de l'article 8 et qui rend le Premier ministre, en dehors des périodes de cohabitation, responsable devant le Président de la République ne doit pas nécessairement être remise en cause, selon la majorité des membres du groupe.

Enfin, il est proposé que le Président de la République joue son rôle d'arbitre. Or, aujourd'hui il est déjà tenu de le faire. S'il ne le fait pas, alors c'est simplement que les partis ferment les yeux.

Tout ce rapport n'est que contradiction et malhonnêteté. Il est donc évident qu'il s'agit d'une manœuvre politique visant à tromper ses lecteurs.

[...] Je vous remercie d'avance de l'attention que vous porterez à ce courrier et vous prie d'agréer, Messieurs, l'expression de ma plus haute considération.

Propos de Jean-Pierre Raffarin sur le non-respect de la Ve République

22 décembre 2014

Sujet : Etat Français

Monsieur le Président de la Commission européenne,

Par la présente, je vous apporte les propos de Monsieur Jean-Pierre Raffarin, premier ministre de 2002 à 2005, qu'il a tenus lors d'une interview sur la Radio RTL, le 14 octobre 2009.

Ceux-ci montrent parfaitement que la classe politique française était, dès 2009, consciente que la pratique institutionnelle du Président de la République Nicolas Sarkozy n'était pas conforme à la Constitution française. En effet, ce dernier était devenu, dans les faits, le chef de la majorité parlementaire et ne pouvait donc plus assurer son rôle d'arbitre définit par l'article 5 de la Constitution.

Monsieur Raffarin proposait alors qu'une nouvelle Constitution, conforme à la pratique institutionnelle du Président Sarkozy, soit mise en place avant la fin de son mandat présidentiel. Celle-ci devait notamment retirer au Président de la République son pouvoir de dissolution de l'Assemblée nationale pour être conforme à un régime présidentiel démocratique traditionnel.

Or, depuis, la Constitution est restée inchangée et le Président de la République François Hollande a repris la pratique institutionnelle de son prédécesseur en imposant sa politique au Gouvernement et au Parlement. En effet, lors de sa conférence de presse du 18 septembre 2014, bien que se défendant ne pas être le chef de la majorité, le Président Hollande affirmait clairement son autorité sur cette dernière en menaçant d'exclure des dialogues les députés qui ne se conformeraient pas à sa politique. Voici ses paroles :

« Je suis Président de la République. Je ne suis pas le chef de la majorité, c'est le Premier ministre sous les règles de la Ve République.

Moi, mon objectif c'est de rassembler autour de ce qu'est l'intérêt général, l'intérêt national. J'ai mes convictions et la politique qui est menée répond à mes convictions, celles que j'ai exprimées dans la campagne et je m'y tiens.

Mais en même temps, je ne vais pas considérer que ceux qui n'ont pas voté la confiance, ceux qui se sont abstenus sont pour toujours mis hors de notre champ de dialogue, <u>à condition</u>, je l'ai dit, qu'ils participent. Il y a suffisamment de débats pour qu'ils puissent trouver là l'occasion de pouvoir faire des propositions, <u>dans la ligne que j'ai fixée</u>. ».

Quelques jours plus tard, le 1er octobre 2014, ses propos furent appliqués à la lettre lors du changement de session parlementaire de l'Assemblée nationale. En effet, sept députés de la majorité qui s'étaient abstenus lors du vote de confiance mentionné ci-dessus, furent renvoyés des commissions auxquelles ils appartenaient et remplacés par sept autres parlementaires ayant tous signé un texte de soutien au Président Hollande. Les députés ainsi démis furent ensuite affectés en dépit de leur consentement et de leurs compétences, à d'autres commissions beaucoup moins stratégiques[viii].

Ainsi, depuis au moins cinq ans, un régime autre que celui prévu par la Constitution française s'est instauré en France. Celui-ci donne au Président de la République, en plus de ses pouvoirs constitutionnels sur les institutions nécessaires pour assurer son rôle d'arbitre, le pouvoir de diriger le Gouvernement et la majorité parlementaire. Ainsi, le Président de la République détient maintenant à lui seul les pouvoirs exécutif, législatif et également judiciaire, car il nomme et promeut les magistrats[ix].

Les partis politiques français ont donc réalisé un coup d'Etat silencieux donnant au Président de la République tous les pouvoirs de la Nation, comme ils l'avaient fait pour le maréchal Pétain en 1940.

Voici les propos de Monsieur Jean-Pierre Raffarin tenus le 14 octobre 2009, au journaliste Jean-Michel Aphatie sur RTL[x] :

J.P. Raffarin : « Qui est le chef de la majorité ? Est-ce le président de la République ? Est-ce le Premier ministre ? Est-ce le chef de groupe [parlementaire] ?

Au fond, nous ne sommes plus dans une pratique traditionnelle de la Ve République. »

J.M. Aphatie : « Vous ne savez pas, vous, Jean-Pierre Raffarin, qui êtes au cœur du système, qui est le chef de la majorité aujourd'hui ? »

J.P. Raffarin : « C'est ambigu. Il est clair que le Président de la République assure la fonction, mais institutionnellement c'est le Premier ministre. Au fond, nous sommes à mi-chemin entre la pratique traditionnelle de la Ve République et le nouveau régime présidentiel.

Moi, je vous dis que d'ici 2012, il faudra faire le choix :

- *ou on revient à la Ve République avec un président arbitre.*
- *ou on va, en 2012, au régime présidentiel. Ça veut dire réduction du mandat à quatre ans du Président de la République. Ça veut dire fin du droit de dissolution. Ça veut dire le Président au parlement.*

Aujourd'hui, le Président de la République est, de fait, le leader de la majorité mais il ne peut pas assumer cette responsabilité quotidienne qui en fait le chef de la majorité.

Nous sommes à mi-chemin entre deux systèmes institutionnels. Il faudra choisir sans doute le régime présidentiel, la pratique de Nicolas Sarkozy nous met dans cette situation. »

Une Nation dont la Constitution n'est plus respectée par ses dirigeants n'est plus un Etat de droit ni une démocratie. Son peuple n'est plus souverain et elle n'a plus de justice indépendante. Cette Nation ne respecte donc plus la charte de l'ONU et la déclaration universelle des droits de l'Homme.

L'Etat français a trompé, depuis au moins 2009, non seulement ses concitoyens, mais également toutes les Nations et organisations internationales que vous représentez. Il s'est sciemment mis en défaut vis-à-vis du droit international pour imposer son autorité au Peuple français et lui retirer sa souveraineté. Ainsi, sa sincérité au sujet de sa politique économique doit être reconsidérée car celle-ci ne vise certainement pas la croissance qu'elle prétend.

Les éléments de preuve que je vous apporte ici sont irréfutables. La conclusion qui en découle ne peut également pas être contestée. En continuant d'accorder votre confiance à l'Etat français, notamment sur le plan économique, vous prenez donc un risque inconsidéré.

Les partis politiques français doivent être conduits devant une Cour de justice internationale. Tant que cela ne sera pas fait, l'équilibre mondial sera menacé par la faillite d'une des premières puissances économiques de la planète et il sera trop tard pour agir une fois que celle-ci aura eu lieu.

Je vous prie d'agréer, Madame, Messieurs, l'expression de ma plus haute considération.

Analyse du texte de la Constitution

15 septembre 2014

Sujet : Constitution française

Monsieur le Président de la Commission européenne,

Suite à mon précédent courrier, je vais démontrer ici, au regard de la Constitution française en vigueur, que le Président de la République ne peut pas être le chef du Gouvernement et déterminer la politique de la Nation. Au contraire, si cette situation venait à se produire, comme cela est le cas aujourd'hui, alors la démocratie cesserait et la République s'effondrerait. [...]

Rappel de la répartition des rôles dans la Constitution française

Les articles 5, 20, 21 et 24 de la Constitution déterminent respectivement les rôles du Président de la République, du Gouvernement, du Premier ministre et du Parlement en ce qui concerne le périmètre du pouvoir exécutif :

Article 5 : Le Président de la République veille au respect de la Constitution. Il assure, par son arbitrage, le fonctionnement régulier des pouvoirs publics ainsi que la continuité de l'Etat.
Il est le garant de l'indépendance nationale, de l'intégrité du territoire et du respect des traités.

Article 20 : « Le Gouvernement détermine et conduit la politique de la Nation.
Il dispose de l'administration et de la force armée.
Il est responsable devant le Parlement dans les conditions et suivant les procédures prévues aux articles 49 et 50. »

Article 21 : « Le Premier ministre dirige l'action du Gouvernement. Il est responsable de la Défense nationale. Il assure l'exécution des lois... »

Article 24 : « Le Parlement vote la loi. Il contrôle l'action du Gouvernement. Il évalue les politiques publiques... »

Ainsi :

- le Président de la République :
    - veille au respect de la Constitution.
    - arbitre au sein de tous les pouvoirs de l'Etat pour assurer leur fonctionnement régulier.

- le Gouvernement :
    - assure l'exécution des lois autre que la Constitution.
    - définit la politique de la Nation et la met en œuvre.
    - engage sa responsabilité devant le Parlement sur sa politique générale.

- le Premier ministre :
    - dirige le Gouvernement.

- le Parlement :
    - contrôle l'action du Gouvernement et évalue la politique de ce dernier.

Nous constatons donc que le pouvoir exécutif chargé d'assurer l'application de la loi, de définir et de conduire la politique de l'État, est divisé en deux parties indépendantes :

- assurer le respect de la Constitution.
- assurer le respect des autres lois, définir et conduire de la politique de la Nation.

La première revient au Président de la République et la deuxième, au Gouvernement. Il n'y a donc pas d'interférence possible entre le Président de la République et le Premier ministre au sein du pouvoir exécutif. Chacun a son propre périmètre indépendant et ne peut donc prétendre être le chef de l'autre.

Par ailleurs, le Président de la République arbitre au sein de tous les pouvoirs de l'Etat pour assurer leur fonctionnement régulier. Ainsi, il doit rester indépendant de tous et ne peut pas prendre notamment la direction du Gouvernement, car il serait alors juge et partie vis-à-vis des autres pouvoirs.

Nous allons donc rechercher, à travers les autres dispositions constitutionnelles régissant les relations entre le Président de la République, le Gouvernement et le Premier ministre, s'il en existerait une (ou plusieurs) qui pourrait(ent) contredire les principes établis par les articles ci-dessus et qui voudraient, notamment, que le Président de la République établisse la politique de la Nation et que le Premier ministre soit son subordonné.

La nomination du Gouvernement

L'article 8 définit les modalités de nomination du Gouvernement : *« Le Président de la République nomme le Premier ministre. Il met fin à ses fonctions sur la présentation par celui-ci de la démission du Gouvernement.*

Sur la proposition du Premier ministre, il nomme les autres membres du Gouvernement et met fin à leurs fonctions. »

Le fait de nommer une personne, au sens constitutionnel, ne donne aucun pouvoir sur celle-ci au Président de la République. A titre d'exemple, suivant l'article 56, le président du Conseil constitutionnel est nommé par le Président de la République dans les mêmes conditions que celles concernant le Premier ministre, c'est-à-dire sans consultation, ni contreseing. Or, le président du Conseil constitutionnel ne peut pas être subordonné au chef de l'Etat, car cela casserait l'indépendance de son institution qui est indispensable pour assurer la régularité des élections présidentielles. Les nominations du Président de la République n'ont donc aucune signification hiérarchique.

De plus, mettre fin à des fonctions sur présentation d'une démission n'est pas un signe de subordination.

Ainsi, l'article 8 n'introduit aucun lien hiérarchique entre le Premier ministre et le Président de la République.

La présidence du Conseil des ministres

L'article 9 précise : « *Le Président de la République préside le Conseil des ministres.* ».

Cette disposition pourrait être de nature à établir une subordination du Premier ministre à l'égard du chef de l'Etat. Pour démontrer le contraire nous allons rappeler la définition du Conseil des ministres.

Celui-ci est une réunion hebdomadaire entre le Gouvernement et le Président de la République, dont les objectifs sont les suivants :

- informer le chef de l'Etat de l'action du Gouvernement et de sa politique générale ;
- permettre au Premier ministre de discuter de certains sujets en présence de l'ensemble de son Gouvernement ;

- permettre au Président de la République d'assurer son rôle d'arbitre ;
- permettre la délibération des décrets et des ordonnances prévus par la Constitution d'être délibérés et signés en Conseil des ministres.

Le Conseil des ministres n'est qu'une réunion de travail hebdomadaire prévue par la Constitution, rien d'autre. Il n'est donc pas une institution au sens de la Constitution et ne peut pas engager sa responsabilité. La politique de la Nation et l'action du Gouvernement ne peuvent donc pas lui être attribuées.

De plus, le fait de présider un Conseil ou une Assemblée, au sens de la Constitution, ne donne aucun pouvoir de subordination au président sur ses membres. Par exemple, le président de l'Assemblée nationale, bien qu'étant élu par cette dernière, donc par le Peuple au sens de la démocratie, n'a aucun pouvoir de subordination sur les députés.

Ainsi, l'article 9 n'introduit aucune subordination du Premier ministre à l'égard du Président de la République.

Contreseing

Le Contreseing pourrait être source de dépendance entre le Président de la République et le Premier ministre. Nous allons voir ici que cela n'est pas le cas.

L'article 19 précise *« Les actes du Président de la République autres que ceux prévus aux articles 8 (1er alinéa), 11, 12, 16, 18, 54, 56 et 61 sont contresignés par le Premier ministre et, le cas échéant, par les ministres responsables. »*

Cela concerne :

- les nominations hormis celles du Premier ministre et du président du Conseil constitutionnel ;
- les ordonnances et décrets délibérés en Conseil des ministres (article 13) ;
- les décrets de promulgation des lois (article 10) ;
- les grâces individuelles (article 17) ;
- les référendums constituants (article 89) ou relatifs à la ratification de traités européens (article 88-5).

Le contreseing prévu à l'article 9 n'entraîne donc aucune subordination d'une des parties envers l'autre car les actes concernés sont librement délibérés ou ont suivi un processus démocratique que le Président de la République a juste à vérifier.

D'autres Etats prévoient des dispositions similaires, sans qu'il y ait introduction de subordination, comme l'Allemagne dans l'article 58 de sa Constitution :

« Pour être valables, les ordres et décisions du président fédéral doivent être contresignés par le chancelier fédéral ou par le ministre fédéral compétent. Ceci ne s'applique pas à la nomination et à la révocation du chancelier fédéral, à la dissolution du Bundestag en vertu de l'article 63 et à la requête prévue par l'article 69, al. 3. ».

Les traités internationaux

Les traités internationaux signés par le Président de la République doivent être pris en compte par le Gouvernement. Il convient donc de voir comment la Constitution garantit toujours l'indépendance de ce dernier, dans ce cas.

« Le Président de la République négocie et ratifie les traités » suivant l'article 52. Il est également le garant de leur respect suivant l'article 5.

Cependant, les ratifications de la plupart des traités ne peuvent se faire qu'en vertu d'une loi suivant l'article 53, ou d'un référendum quand il s'agit de traités européens, suivant l'article 88-5. Ainsi, les ratifications sont soumises à un processus législatif démocratique où le Président de la République n'a pas à imposer son autorité.

L'article 55 précise également que *« Les traités ou accords régulièrement ratifiés ou approuvés ont, dès leur publication, une autorité supérieure à celle des lois. »*. Ainsi, le Gouvernement et le Parlement sont tenus de les respecter sans autres interventions de la part du Président de la République.

Les traités n'introduisent donc aucune subordination du Premier ministre à l'égard du Président de la République.

Les forces armées

Les rôles partagés entre le Gouvernement et le chef de l'Etat concernant les forces armées pourraient potentiellement entrainer une dépendance du Gouvernement envers le Président de la République. Voici les articles de la Constitution concernés :

L'article 15 : « Le Président de la République est le chef des armées. »

L'article 20 : « [le Gouvernement] dispose de l'administration et de la force armée. ».

L'article 35 : « La déclaration de guerre est autorisée par le Parlement.
Le Gouvernement informe le Parlement de sa décision de faire intervenir les forces armées à l'étranger, au plus tard trois jours après le début de l'intervention. Il précise les objectifs poursuivis. Cette information peut donner lieu à un débat qui n'est suivi d'aucun vote. »

Or, nous pouvons constater que les rôles sont donc parfaitement définis et il n'y a pas d'ingérence possible de la part du chef de l'Etat dans les affaires du Gouvernement sur ce point.

La continuité de l'Etat

La continuité de l'Etat influe sur la politique de la Nation et pourrait donc être une source de dépendance du Gouvernement envers le Président de la République.

Cependant, comme nous l'avons vu plus haut, le Président de la République ne peut agir que par son arbitrage, et ce dernier n'introduit aucune subordination du Premier ministre à l'égard du Président de la République. Au contraire, le chef de l'Etat ne pourrait pas arbitrer s'il dirigeait le Premier ministre.

Conclusion

Aucune disposition désignant le chef de l'Etat comme le responsable du Premier ministre et de la politique de la Nation ne figure dans la Constitution.

Au contraire, si un lien hiérarchique venait à se créer entre le Président de la République et le Gouvernement, alors le chef de l'Etat ne pourrait plus arbitrer et le système se bloquerait, comme en 1958.

De plus, si le Président de la République venait à imposer sa politique au

Gouvernement, alors le Parlement perdrait ses pouvoirs d'évaluation, ce qui serait contraire à la démocratie.

[...] Je vous prie d'agréer, Madame, Messieurs, l'expression de ma plus haute considération.

Précision importante sur le rôle du président de la République

Ce texte est un extrait d'un document adressé le 19 janvier 2016 au président de la Commission européenne.

Complément

Il est souvent reproché au général de Gaulle d'avoir agi comme un dictateur, notamment au sujet de l'Algérie. Cet exemple est d'ailleurs repris très souvent pour justifier la pratique institutionnelle actuelle.

En effet, il se peut que certains problèmes, de par leur urgence ou par leur importance, ne puissent pas être traités suivant l'esprit de la Constitution. Dans ce cas, le Président de la République peut passer outre en dictant ses directives au Gouvernement et en promulguant des lois par ordonnance. La Constitution le permet. Cependant, ce mode de fonctionnement doit rester exceptionnel car il compromet la démocratie et l'indépendance de la Justice. Il s'agit en fait d'instaurer une dictature provisoire sur un périmètre déterminé.

Ce sont les Romains qui, les premiers, avaient prévu dans leur démocratie la dictature pour les problèmes que la voie démocratique ne permettait pas de résoudre. Un dictateur était alors désigné et il disposait de tous les pouvoirs pour une durée déterminée. C'est d'ailleurs de là que vient le terme de dictateur.

De Gaulle a donc utilisé la dictature pour l'Algérie, car la situation l'exigeait. Il le fit également pour quelques autres sujets. Mais cela resta l'exception et non la règle.

Modification du code électoral pour faciliter la triche

En 1988, les partis politiques votaient une loi modifiant diverses dispositions du Code électoral, dont notamment la procédure de dépouillement des scrutins. Nous allons voir ici, à travers le courrier ci-dessus, que les changements opérés introduisent une faille importante qui permet dorénavant aux partis de truquer aisément les résultats sans avoir à acheter les électeurs, à bourrer les urnes ou encore à faire voter les morts, comme auparavant. Vous constaterez que le Diable se cache le plus souvent dans les détails.

18 octobre 2014

Sujet : Système électoral français

Madame le Haut-Commissaire aux droits de
l'Homme,
Monsieur le Président fédéral de la RFA,
Monsieur le Premier ministre de Grande-
Bretagne,
Monsieur le Président de la République
d'Italie,

[...]

Depuis 1989, la procédure de
dépouillement se prête particulièrement bien
à la triche. Celle-ci est définie par l'article L65
du Code électoral, comme suit :

*« Dès la clôture du scrutin, il est procédé au
dénombrement des émargements. Ensuite, le
dépouillement se déroule de la manière
suivante : l'urne est ouverte et le nombre des
enveloppes est vérifié. Si ce nombre est plus
grand ou moindre que celui des émargements,
il en est fait mention au procès-verbal. Le
bureau désigne parmi les électeurs présents un
certain nombre de scrutateurs sachant lire et
écrire, lesquels se divisent par tables de quatre*

au moins. Si plusieurs candidats ou plusieurs listes sont en présence, il leur est permis de désigner respectivement les scrutateurs, lesquels doivent être répartis également autant que possible par chaque table de dépouillement. Le nombre de tables ne peut être supérieur au nombre d'isoloirs.

Les enveloppes contenant les bulletins sont regroupées par paquet de 100. Ces paquets sont introduits dans des enveloppes spécialement réservées à cet effet. Dès l'introduction d'un paquet de 100 bulletins, l'enveloppe est cachetée et y sont apposées les signatures du président du bureau de vote et d'au moins deux assesseurs représentants, sauf liste ou candidat unique, des listes ou des candidats différents.

A chaque table, l'un des scrutateurs extrait le bulletin de chaque enveloppe et le passe déplié à un autre scrutateur ; celui-ci le lit à haute voix ; les noms portés sur les bulletins sont relevés par deux scrutateurs au moins sur des listes préparées à cet effet. »

Or, les enveloppes de 100 bulletins prévues au deuxième paragraphe peuvent être discrètement substituées juste avant leur remise sur les tables de dépouillement par des enveloppes identiques remplies préalablement de 100 bulletins répartis suivant le résultat de l'élection souhaité. Le président du bureau de vote et ses assesseurs sont nommés avant l'élection. Ainsi, ils peuvent signer les enveloppes de remplacement avant le vote afin qu'elles apparaissent conformes.

Les enveloppes utilisées sont standards et ne disposent d'aucun signe permettant d'éviter la fraude. Elles ne sont également pas comptées avant et après le dépouillement.

Ainsi, par ce système, les scrutateurs désignés parmi les personnes présentes ne peuvent se douter de la supercherie et réalisent le comptage ou le dépouillement en toute sincérité.

Cette opération est facilitée par le fait que toutes les personnes qui organisent le dépouillement sont soit des élus, soit des candidats, ou encore du personnel de mairie. Ainsi, tout le monde se connaît, ce qui rend la manœuvre plus aisée. De plus, le dépouillement intéresse très peu de citoyens. Ainsi, toutes les personnes qui se proposent, sont généralement employées à dépouiller. Personne d'extérieur ne reste donc à observer les allées et venues des enveloppes. Il n'y a donc aucun risque. Il suffit juste d'être un peu discret pour éviter les soupçons.

Le système des enveloppes date de 1989. Avant, le comptage et le dépouillement se faisaient sans isolement des bulletins, ce qui rendait la substitution en masse plus compliquée, voire impossible.

[...]

Article L65 du Code électoral, version en vigueur du 28 octobre 1964 au 4 janvier 1989

Après la clôture du scrutin, il est procédé au dépouillement de la manière suivante : l'urne est ouverte et le nombre des enveloppes est vérifié. Si ce nombre est plus grand ou moindre que celui des émargements, il en est fait mention au procès-verbal. Le bureau désigne parmi les électeurs présents un certain nombre de scrutateurs sachant lire et écrire, lesquels se divisent par tables de quatre au moins. Si plusieurs candidats ou plusieurs listes sont en présence, il leur est permis de désigner respectivement les scrutateurs, lesquels doivent être répartis également autant que possible par chaque table de dépouillement.

A chaque table, l'un des scrutateurs extrait le bulletin de chaque enveloppe et le passe déplié à un autre scrutateur ; celui-ci le lit à haute voix ; les noms portés sur les bulletins sont relevés par deux scrutateurs au moins sur des listes préparées à cet effet. Si une enveloppe contient plusieurs bulletins, le vote est nul quand les bulletins portent des listes et des noms différents. Les bulletins multiples ne comptent que pour un seul quand ils désignent la même liste ou le même candidat.

Dans les bureaux de vote dotés d'une machine à voter, le président, à la fin des opérations de vote, rend visibles les compteurs totalisant les suffrages obtenus par chaque liste ou chaque candidat ainsi que les votes blancs, de manière à en permettre la lecture par les membres du bureau, les délégués des candidats et les électeurs présents. Le président donne lecture à haute voix des résultats qui sont aussitôt enregistrés par le secrétaire.

Il n'y avait aucune raison de modifier la procédure initiale. Celle-ci était utilisée depuis des dizaines d'années et avait toujours donné satisfaction. La seule raison des nouvelles dispositions adoptées en 1989 est, sans aucun doute, de pouvoir substituer en masse des bulletins en toute discrétion durant les opérations de dépouillement. [...]

Dépendance de la Justice avec les partis politiques

Le 25 avril 2014, j'adressais à l'ONU une plainte contre l'Etat Français pour dénoncer la dépendance de son appareil judiciaire avec les partis politiques. Vous en trouverez ci-dessous un extrait qui décrit également certaines dispositions législatives utilisées pour instrumentaliser la Justice afin de protéger les intérêts du régime, de ses responsables, ou des banques.

Plainte contre l'Etat Français

(Procédure 1503)

Pour

- **dépendance de l'appareil judiciaire français avec le pouvoir politique**

    - article 1 et 4 de la résolution A/HRC/RES/23/6 adoptée par le Conseil des droits de l'homme du 19 juin 2013, relative à l'indépendance et l'impartialité du pouvoir judiciaire, des jurés et des assesseurs et l'indépendance des avocats ;

- **violations des droits de l'homme**

    - article 2, 14 et 26 du Pacte international relatif aux droits civils et politiques.

INTRODUCTION

L'indépendance de l'appareil judiciaire d'un pays est une condition préalable essentielle pour assurer la protection des droits de l'homme et des libertés fondamentales, ainsi que la primauté du droit et de la démocratie.

La présente communication vise à démontrer que l'appareil judiciaire français est dépendant du pouvoir politique, des partis politiques, et de certains grands organismes financiers, dont notamment les banques et les grands bailleurs dont l'Etat fait partie.

Elle montrera également que les droits de l'homme ne sont pas respectés par l'Etat français quand il s'agit de défendre les intérêts des personnes ou des organisations dont l'appareil judiciaire est dépendant.

LES FAITS

Dépendance des magistrats avec le pouvoir politique

L'article 65 de la Constitution française *(Annexe 1)* permet au Président de la République, au Président du Sénat et au Président de l'Assemblée nationale de nommer chacun deux personnes de leur choix, qui pourront se prononcer au sein du Conseil supérieur de la magistrature, sur les nominations et les promotions des magistrats. Cela constitue, de fait, un lien fort entre le pouvoir politique et la magistrature. Les personnes ainsi nommées, deviennent un moyen, pour ces hauts responsables politiques, d'influer sur les promotions des magistrats et donc d'exercer une pression implicite sur ces derniers.

Cette dépendance de l'appareil judiciaire est reconnue par l'Etat. En effet, en 2012, un projet de loi constitutionnelle visant à renforcer l'indépendance du Conseil supérieur de la magistrature *(Annexe 2)* a été soumis au Parlement. Cependant, celui-ci a été rapidement abandonné.

Récemment, l'ex-Président, Nicolas Sarkozy, a été soupçonné d'avoir utiliser ce moyen pour obtenir des informations sensibles de la part d'un juge en charge du dossier concernant le financement de sa campagne électorale. Le magistrat aurait ainsi demandé, en contrepartie, une nomination à Monaco *(Annexe 3)*.

Dépendance des magistrats du Parquet avec le Gouvernement

L'article 5 de l'ordonnance n° 58-1270 du 22 décembre 1958 portant loi organique relative au statut de la magistrature *(Annexe 4)* établit un lien hiérarchique entre les magistrats du Parquet et le ministre de la Justice, donc avec le pouvoir exécutif.

Les magistrats du Parquet ont autorité pour mener les enquêtes judiciaires, au même titre que les juges d'instruction. Il leur est donc possible d'orienter les investigations à décharge, si la personne soupçonnée est protégée par le Gouvernement ou la classe politique. A contrario, l'enquête peut être à charge si la personne visée est considérée comme « gênante ».

Une nouvelle loi, la Loi n° 2013-669 du 25 juillet 2013, a été mise en place pour, soi-disant, pallier ce problème d'ingérence possible du pouvoir exécutif dans les affaires judiciaires. Celle-ci ajoute à l'article 30 du Code de procédure pénale : « Le ministère de la Justice ne peut adresser aux procureurs aucune instruction dans des affaires individuelles. ».

Or, un procureur ne dénoncera jamais son ministre s'il reçoit des instructions verbales de sa part sur un dossier individuel, car il mettrait ainsi sa carrière en danger. D'autre part, le ministre de la Justice ne portera jamais plainte contre lui-même s'il enfreint cette nouvelle loi.

Ainsi, la seule conséquence de cet ajout est qu'il ne peut plus y avoir de trace écrite dans les dossiers montrant formellement des ingérences du Gouvernement dans les affaires judiciaires. Cependant, celles-ci demeurent toujours, car le lien hiérarchique entre le ministère de la Justice et les magistrats du Parquet est resté.

Si les intentions de l'Etat avaient bien été de garantir la séparation des pouvoirs, alors la dépendance hiérarchique aurait été supprimée et les magistrats du Parquet seraient devenus réellement indépendants. Or, cela n'a pas été le cas. Cela montre que le but de ces nouvelles dispositions, était bien de dissimuler toute preuve d'ingérence sans rien changer au reste, afin de paraître irréprochable devant toute personne susceptible de suspecter des abus de pouvoir et pouvant accéder aux dossiers.

Liens d'amitié entre les juges des tribunaux administratifs et certains hauts responsables de l'Administration ou de partis politiques

Les articles L.233-2 et L.133-6 du Code de la justice administrative *(Annexe 5)* précisent que les magistrats des tribunaux administratifs, des Cours d'appel administratives et du Conseil d'Etat doivent être issus de l'Ecole Nationale d'Administration (ENA). Cette école créée en 1945 a pour mission le recrutement et la formation initiale des hauts fonctionnaires de l'Administration française *(Annexe 6)*.

L'ENA dispose d'une association d'anciens élèves extrêmement active, et la plupart des énarques en activité y adhèrent. Elle a pour mission notamment, d'établir et de développer des relations amicales, ainsi qu'un lien d'entraide et de solidarité entre les anciens élèves et leur famille *(Annexe 7)*.

Ainsi, les magistrats chargés de juger les plaintes déposées par les citoyens contre l'Administration sont, par leur formation, liés d'amitié avec les hauts responsables des services administratifs dont ils ont à juger les actes. Dans ces conditions, l'indépendance et l'impartialité du juge ne peuvent pas être assurées et cela peut se retourner dans certains cas contre la victime.

L'annexe 8 montre l'exemple d'une plainte relative au non-respect des droits de l'homme par l'Administration. Celle-ci a été rejetée par le juge du tribunal administratif de Paris puis par le Conseil d'Etat. Les raisons évoquées de ces rejets montrent clairement la partialité des juges.

Déni de justice

L'article L.522-3 du Code de la justice administrative donne la possibilité au juge des référés de rejeter par ordonnance toute plainte qui selon lui est irrecevable ou mal fondée. Ces deux critères sont extrêmement subjectifs et souvent utilisés abusivement pour rejeter des dossiers pouvant compromettre l'Administration ou ses responsables.

Si le dossier est rejeté, le seul recours pour la victime est de se pourvoir en cassation devant le Conseil d'Etat. Cependant, ce dernier peut également rejeter le dossier sur les mêmes critères subjectifs, suivant l'article L.822-1 du Code de la justice administrative.

Ainsi, la justice administrative dispose d'un outil législatif lui permettant de rejeter arbitrairement les plaintes qu'elle reçoit. Elle l'utilise pour les affaires qui pourraient compromettre certains hauts responsables de l'Administration française. Il s'agit là d'un déni grave de justice pour la victime.

L'annexe 8 montre un exemple concret et très explicite de l'usage de cet outil.

Dépendance des enquêteurs judiciaires avec le pouvoir exécutif

L'article 75 du Code de procédure pénale *(Annexe 9)* précise que les agents de police judiciaire procèdent à des enquêtes préliminaires soit sur les instructions du procureur de la République, soit d'office. Ces agents dépendent hiérarchiquement du ministère de l'Intérieur ou du ministère de la Défense quand il s'agit de la Gendarmerie. Il n'y a donc aucune garantie d'indépendance et d'impartialité dans l'instruction de ces enquêtes, quand celles-ci mettent en cause des hauts responsables politiques ou de l'Administration.

Précédemment, nous avons vu que le procureur dépendait également du pouvoir exécutif. Ainsi, l'ensemble du dispositif d'investigation de la Justice française est hiérarchiquement dépendant du pouvoir politique.

Même si le juge est indépendant et impartial, il décide sur la base des éléments qu'on lui apporte. Si ces derniers sont déformés en faveur d'une des parties, alors sa décision sera faussée. L'indépendance de la justice doit être globale.

Dépendance des huissiers de justice
Déni du droit à un procès équitable

Le statut des huissiers en France leur permet d'exercer leur profession de façon commerciale et de pratiquer des honoraires libres pour certaines prestations. Le Décret n°96-1080 du 12 décembre 1996 portant fixation du tarif des huissiers de justice en matière civile et commerciale *(Annexe 10),* réglemente leurs honoraires.

Les huissiers ont le monopole en France sur le recouvrement de créance. Ils gèrent les procédures judiciaires et pratiquent les saisies et les expulsions décidées par la Justice. Ils ont pour clients des grands organismes financiers, comme les banques, les sociétés de crédits et les grands bailleurs, dont l'Etat fait partie.

Ils perçoivent également un pourcentage des sommes qu'ils recouvrent, déterminé par l'article 10 du décret mentionné ci-dessus.

Ainsi, les huissiers sont parties prenantes dans les dossiers de recouvrement qu'ils traitent, car d'une part, ils ont des objectifs commerciaux qui les incitent à traiter les dossiers en faveur de leurs clients, et d'autre part, l'intéressement qu'ils perçoivent sur les sommes recouvrées les incite également à prendre le même parti.

Nous allons voir maintenant que pour parvenir à satisfaire leurs objectifs commerciaux et financiers, les huissiers disposent d'un outil législatif très efficace. Celui-ci leur permet, en toute impunité, de ne pas assigner les personnes mises en cause par leurs clients. Ainsi, celles-ci ne sont pas représentées à leur jugement et perdent systématiquement. Le client de l'huissier obtient donc, à tous les coups, tous les dédommagements qu'il demande.

Tout repose sur la nouvelle procédure de signification des actes de justice mise en place en 2006 et définie par les articles 653 à 664 du Code de procédure civile. Dans celle-ci, la preuve de la signification repose exclusivement sur la parole de l'huissier quand ce dernier prétend ne pas avoir pu remettre l'acte à la personne. Dans ce cas, la Justice considère que, si l'huissier certifie qu'il a exécuté les opérations prévues par la Loi, alors la personne est signifiée comme si elle avait reçu l'acte en main propre. Ces opérations consistent à déposer un avis de passage au domicile de la personne et à lui envoyer un courrier en lettre simple *(Annexe 11)*. Elles ne laissent donc aucune trace de leur exécution. Ainsi, l'huissier peut très bien prétendre les avoir exécutées sans l'avoir fait.

Dans ce cas, la personne ne sera pas prévenue de son jugement et sera jugée à son insu. L'huissier procédera de la même façon pour la signification du jugement pour que la personne ne puisse pas faire appel. Le délai d'appel échu, l'huissier prendra alors contact avec sa victime pour lui demander les sommes dues ou pour l'expulser, sur la base du jugement qui aura été prononcé.

La personne ne pourra pas contester, car d'une part, la parole de l'huissier fait foi et, d'autre part, elle ne pourra jamais prouver qu'elle n'a pas reçu les courriers simples et les avis de passage de l'huissier. Si elle dénonce ce dernier de ne pas l'avoir assignée, elle sera considérée simplement comme étant de mauvaise foi *(voir vidéo annexe 13)*.

Ainsi, l'huissier ne prend aucun risque en pratiquant ainsi et il gagne à tous les coups avec un minimum d'effort. Cependant, il prive sa victime de son droit fondamental à un procès équitable.

Avant 2006, lorsque l'huissier ne pouvait pas remettre l'acte à la personne, il le déposait en mairie *(Article 656 du CPC version initiale Annexe 11)*. Ainsi, une tierce personne indépendante était témoin de son action. De plus, le maire, par ses devoirs républicains envers ses administrés, avait l'obligation de tout entreprendre pour que l'acte soit remis au plus vite et en main propre à la personne. Pour ce faire, il pouvait ordonner à la Police de faire des recherches.

Ainsi, les modifications de la procédure de signification survenues en 2006 ont eu, sans aucun doute, pour objectif de soulager le travail des huissiers pour qu'ils puissent traiter plus de dossiers. En effet, l'augmentation du nombre de personnes en difficulté pour rembourser leurs emprunts ou pour payer leur loyer en France, constitue un manque à gagner important pour les organismes financiers et les grands bailleurs. Il convenait donc de trouver un moyen pour limiter les pertes occasionnées.

La nouvelle procédure permet de faire gagner du temps aux huissiers mais aussi aux tribunaux qui n'ont plus à entendre la défense.

En annexe 12 figure un exemple de procès-verbal mensonger d'assignation d'un huissier. A partir de celui-ci, le jugement a été reconnu contradictoire. L'absence de défense n'a pas ému le juge qui a décidé, sans autre élément que ceux du demandeur, l'expulsion d'une personne avec deux enfants à charge et de lui imposer de verser une somme arbitraire de 23 000 euros environ au plaignant. [...]

Fin de non-recevoir de la Commission européenne

Le 27 octobre je recevais de la Commission européenne le courrier suivant :

« Monsieur,

Je vous remercie pour les courriers adressés au Président José Manuel Barroso, en date du 12, 15, 22 et 30 septembre 2014, au sujet du fonctionnement des institutions politiques en France.

Conformément aux traités sur lesquels se fonde l'Union européenne[1], la Commission européenne n'a pas de compétences générales pour intervenir auprès des États membres. Elle ne peut intervenir que lorsqu'une question relevant du droit de l'Union européenne est soulevée.

Les informations que vous fournissez dans votre lettre ne nous permettent pas de conclure que la question que vous évoquez relève de l'application du droit de l'Union européenne. C'est pourquoi je suis au regret de vous informer que la Commission n'est pas en mesure d'y donner suite.

Veuillez agréer, Monsieur, l'expression de ma considération distinguée.

[1] Le traité sur l'Union européenne et le traité sur le fonctionnement de l'Union européenne. »

Les lettres des 12, 22 et 30 septembre mentionnées, ne figurent pas dans ce livre. Cependant, en voici les sujets :

- la lettre du 12 septembre démontrait le coup d'Etat des partis politiques ;
- la lettre du 22 septembre alertait sur l'instauration imminente d'un régime totalitaire en France ;
- la lettre du 30 septembre traitait du changement de majorité du Sénat qui venait de se produire.

Bruxelles, le **2 7 OCT. 2014**
JUST/03/JD/mld/3758332s

M. Jacques Girardot
Arcueil Poste Restante
94 110 ARCUEIL
France
jacques.girardot@gmail.com

Monsieur,

Je vous remercie pour les courriers adressés au Président José Manuel Barroso, en date du 12, 15, 22 et 30 septembre 2014, au sujet du fonctionnement des institutions politiques en France.

Conformément aux traités sur lesquels se fonde l'Union européenne[1], la Commission européenne n'a pas de compétences générales pour intervenir auprès des États membres. Elle ne peut intervenir que lorsqu'une question relevant du droit de l'Union européenne est soulevée.

Les informations que vous fournissez dans votre lettre ne nous permettent pas de conclure que la question que vous évoquez relève de l'application du droit de l'Union européenne. C'est pourquoi je suis au regret de vous informer que la Commission n'est pas en mesure d'y donner suite.

Veuillez agréer, Monsieur, l'expression de ma considération distinguée.

Emmanuel Crabit

---

[1] Le traité sur l'Union européenne et le traité sur le fonctionnement de l'Union européenne.

Commission européenne, 1049 Bruxelles, BELGIQUE - Tél. +32 22991111
Bureau: LX46 04/187. Telephone: direct line (32-2) 29 88497 JUST-policy@ec.europa.eu

Il est évident que l'auteur de ce courrier semble complétement ignorer l'article 1bis du traité de Lisbonne ratifié par la France en 2008 et qui stipule :

Article 1bis

L'Union est fondée sur les valeurs de respect de la dignité humaine, de liberté, de <u>démocratie,</u> d'égalité, de <u>l'État de droit,</u> ainsi que de respect des droits de l'Homme, y compris des droits des personnes appartenant à des minorités. Ces valeurs sont communes aux États membres dans une société caractérisée par le pluralisme, la non-discrimination, la tolérance, la justice, la solidarité et l'égalité entre les femmes et les hommes.

En effet, mes courriers portaient bien sur des atteintes graves à l'Etat de droit et à la démocratie en France et qu'à ce titre, des dispositions législatives sont bien prévues comme celles, par exemple, initiées par la Commission européenne contre la Pologne début 2016 et qui font l'objet du prochain chapitre.

Nous pouvons donc conclure qu'ici, la Commission européenne a choisi délibérément de fermer les yeux sur un problème parmi les plus graves qu'elle ait rencontré à ce jour : Le fait qu'un État membre applique un régime illégitime et trahisse ainsi les valeurs fondamentales démocratiques de l'Union.

Cas de la Pologne

6 janvier 2016

Monsieur le Président de la Commission européenne,

J'apprends par les médias que, suite aux orientations jugées liberticides prises par l'Etat polonais, vous avez publiquement envisagé la tenue de réflexions au sein de la Commission européenne en vue de constituer une requête auprès du Conseil de l'UE.

Or, à plusieurs reprises, je vous ai alerté sur le fait que l'Etat français ne respectait pas sa Constitution et vous en ai apporté des preuves irréfutables. Ainsi, la France ne peut plus être, aujourd'hui, considérée comme un Etat de droit et satisfaire les valeurs de l'Union, définies par l'article 1bis du traité de Lisbonne.

Sur le CD ci-joint, vous trouverez sous la forme d'une vidéo des éléments supplémentaires qui montrent qu'aujourd'hui, le Premier ministre français, monsieur Manuel Valls, censure sur sa page Facebook tous commentaires argumentés et objectifs visant à dénoncer ses manquements à la Constitution française.

La vérité n'est pas ce que pense le plus grand nombre, ni ce qui arrange certains, comme notre société moderne a tendance à nous le faire croire. La vérité, ce sont les faits. Il serait donc inutile que je vous apporte une pétition signée par mille ou un million de Français demandant votre intervention, cela ne changerait absolument rien. Les faits vous les connaissez, je vous les ai transmis et ils sont indiscutables. La vidéo jointe les rappelle également sous une forme plus pédagogique.

Ainsi, je vous saurais gré de bien vouloir être équitable entre les Nations européennes et ne pas, dans un cas, laisser violer les valeurs défendues par le traité de Lisbonne sous le prétexte que la Commission européenne n'est pas compétente et, dans l'autre, tenter par les moyens dont vous disposez de les faire appliquer.

Le non-respect de la Constitution d'une Nation est beaucoup plus grave que les mesures jugées liberticides ou anti-pluralistes décidées par l'Etat polonais. Plus le temps passe, plus les libertés fondamentales sont menacées en France. La loi sur le renseignement, le projet visant à rendre permanent les dispositions relatives à l'Etat d'urgence, le projet de déchéance de nationalité qui pourrait rendre apatrides certains individus, les conditions de vie dramatiques et inhumaines qu'entretient l'Etat français pour les immigrés à Calais, la montée inexorable du chômage, sont autant de conséquences de ces violations de la Constitution française. En effet, lorsque les partis politiques d'un pays s'entendent pour imposer leurs propres règles, en dépit de celles inscrites à la Constitution, alors ces partis n'ont plus de limite et ne visent qu'à étendre toujours plus leur pouvoir sur le Peuple au détriment de ses libertés fondamentales et de ses conditions de vie. Cela fait maintenant des années que la Presse n'est plus libre en France, l'autocensure s'est généralisée. Ainsi, ce qui est reproché à l'Etat polonais est, depuis longtemps, en France, une réalité.

Je me permets donc, encore une fois, de vous demander d'intervenir à votre niveau avant que l'Europe n'explose pour avoir été trop indulgente vis-à-vis de la France. Celle-ci est devenue aujourd'hui le plus grand danger pour l'UE, compte tenu de sa situation économique et sociale due exclusivement aux motifs évoqués ci-dessus.

D'avance, je vous remercie et vous prie de croire, Monsieur le président, en l'expression de ma plus haute considération.

Conclusion

La preuve que les partis politiques violent l'esprit et le texte de notre Constitution est donc établie. Pour l'obtenir, il suffit de se rappeler ce que les Français ont voté en 1958 et en 1962 et quel a été le fonctionnement de nos institutions jusqu'en 1981. Nous avons donc été trahis par l'ensemble de la classe politique qui à notre insu a remis progressivement en place son régime, comme le prévoyait le général de Gaulle.

Aujourd'hui, nous sommes donc en danger et personne au sein des partis n'est en mesure de nous sortir d'affaire car ces derniers ont fait en sorte qu'un Clémenceau ou un de Gaulle ne puisse les perturber à nouveau.

La seule issue est donc de solliciter l'aide de nos partenaires européens et leur apporter des éléments leur permettant d'agir légalement comme, par exemple, ceux évoqués dans ce livre. La Commission européenne finira bien par admettre un jour la réalité et poursuivra l'État français comme elle l'a fait pour la Pologne, j'en ai l'intime conviction. En effet, la France va inexorablement continuer à sombrer, car le problème, comme nous l'avons vu, ne provient pas des hommes, mais de la classe politique elle-même. Ainsi, arrivera forcément un moment où l'Union européenne, pour se préserver, n'aura pas d'autre choix que d'intervenir.

Tous les grands bouleversements s'opèrent déjà dans les consciences, et cela bien avant qu'ils se concrétisent. Ainsi, les guerres n'arrivent jamais à l'improviste, elles sont attendues. Les pays s'arment progressivement et les esprits évoluent de telle sorte que le conflit devient alors une évidence. Les premières balles sont alors tirées. Aujourd'hui, de plus en plus de Français pensent que les partis nuisent à la société et qu'ils sont totalement inaptes à diriger notre Nation. Beaucoup voudraient même les voir disparaître. C'est un signe que le processus est déjà enclenché et que nous nous dirigeons inévitablement vers une ère où la classe politique actuelle n'aura plus sa place.

Une démocratie sans partis politiques est tout à fait possible. Il suffit de donner la possibilité à ceux qui souhaitent représenter leurs concitoyens au sein de nos institutions, de se présenter aux différentes élections. Pas besoin de partis politiques pour cela. Les campagnes électorales pourraient être, en effet, organisées et financées par l'Etat qui veillerait également à l'égalité des moyens mis à disposition des candidats. Il n'y aurait alors plus de compétition sur les budgets de campagne, ce qui permettrait de réaliser des économies substantielles par rapport à aujourd'hui.

Le Parlement garderait son pouvoir de contrôle sur le Gouvernement, qui serait constitué de ministres élus par celui-ci.

Le Président de la République resterait l'arbitre comme le prévoit la Constitution actuelle. Cependant, contrairement à aujourd'hui, il ne pourrait plus imposer de politique au Gouvernement, ni au Parlement : les deux étant, en effet, constitués d'élus, et les partis n'existant plus. Il garderait cependant son pouvoir de dissolution, qu'il n'exercerait qu'en cas de nécessité absolue.

Le chef de l'Etat serait responsable des affaires étrangères et des forces armées car ces domaines dépendent essentiellement de données sensibles qui ne peuvent être discutées dans le cadre de débats publics. Il n'y aurait donc plus de ministres des Affaires étrangères et de la Défense. Ils seraient remplacés par des conseillers du Président de la République, nommés par ce dernier.

Enfin, en cas de situation extrême et en accord avec le Parlement, le Président de la République prendrait la tête des opérations et disposerait alors des pleins pouvoirs sur le périmètre impacté et pour une durée convenue à l'avance, et renouvelable si besoin.

Une telle organisation serait beaucoup plus efficace, car chaque ministre serait élu individuellement par le Parlement et disposerait donc d'une majorité pour mettre en place sa politique. Le Parlement pourrait également destituer un ministre si ses résultats ne sont pas satisfaisants, sans pour autant être obligé de renverser le Gouvernement comme aujourd'hui.

Les budgets alloués aux différents ministères seraient définis par le Parlement, comme aujourd'hui, et les ministres seraient tenus de les respecter. Les arbitrages seraient également traités par le Parlement.

Ainsi, le pouvoir exécutif ne serait plus tenu par une seule personne, mais serait partagé entre des ministres élus par le Parlement, ce dernier remplissant le rôle, en quelque sorte, du Premier ministre actuel. De fait, toute tentative pour réinstaurer un absolutisme serait impossible.

Enfin, pour garantir l'indépendance de la Justice, les procureurs seraient élus par les citoyens. Ils éliraient alors le garde des Sceaux et les juges. Le budget alloué à la Justice serait décidé par le Parlement et les procureurs. Enfin, pour ne pas être dépendante du ministère de l'Intérieur, la Justice disposerait de sa propre police d'investigation.

Voilà les grands principes qui pourraient être mis en place lorsque les partis politiques disparaîtront. Il ne s'agirait pas de tout casser, mais de profiter des expériences passées pour construire une démocratie plus solide et à l'abri de la corruption.

Pour avoir dit : « *Les quatre leaders des grands mouvements politiques français ne sont pas les uns contre les autres mais bien unis comme les trois mousquetaires des cinq doigts de la main : un pour tous ! Tous pourris ! »* Coluche s'est vu immédiatement retirer l'accès aux médias. Pour avoir tenu un discours similaire au sujet des les partis politiques sur les réseaux sociaux et auprès de responsables politiques étrangers, l'Etat français a fait que je me retrouve à la rue, sans emploi, ni revenu. L'Administration a également tenté à plusieurs reprises de me psychiatriser.

Ainsi, rien n'a changé depuis les années 1980, sauf qu'aujourd'hui, il y a plus de cinq millions de Français qui se retrouvent sans emploi, notre société n'a jamais été autant déchirée par des clivages religieux, raciaux ou sociaux, et la situation économique du pays est catastrophique. Il n'est donc pas difficile d'imaginer quel sera l'avenir de nos enfants et celui de l'Europe si rien n'est fait pour neutraliser la classe politique française.

Biographie

Jacques Girardot est un lanceur d'alerte. En 2010, alors qu'il travaillait comme ingénieur au ministère de la Défense, il fut le témoin de malversations sur un marché public qu'il voulut dénoncer à l'Inspection. Peu de temps après, il fut victime de harcèlement moral, perquisitionné à son domicile par la Gendarmerie de l'armement, puis licencié en toute illégalité, et enfin expulsé *manu militari* du logement, qu'il louait au ministère, par décision d'un jugement auquel il n'avait pas été convié. Par la suite, tous ses recours en justice furent rejetés d'office, sans qu'il puisse obtenir de jugement.

Depuis, il se bat sans relâche pour dénoncer les abus de pouvoir de l'Etat français et la corruption des partis politiques en communiquant largement sur les réseaux sociaux et en alertant régulièrement les autorités internationales et plusieurs hauts responsables politiques étrangers. En 2013, il publia également « Le Grand Secret de nos partis politiques », un essai démontrant alliance des partis politiques français et leur intention d'instaurer la dictature.

Ses actions lui ont valu la saisie de ses indemnités chômage, l'impossibilité de retrouver un emploi et un logement, et le blocage de son compte Youtube. L'Administration tentât également à plusieurs reprises de le psychiatriser.

Jacques Girardot est par ailleurs philosophe. Il a écrit en 2015 un ouvrage portant sur l'intelligence de l'Univers, qui nous apporte une vision inédite sur la science moderne, la nature, l'homme et notre société.

Notes

---

[i] Voir livre « Le coup d'Etat permanant » - François Mitterrand – Edition Plon - 1964

[ii] Source : *http://www.gouvernement.fr/pierre-mauroy*

[iii] Dans ses Mémoires (« Le Pouvoir et la Vie », tome III) Valéry Giscard d'Estaing raconte en effet, que François Mitterrand en 1995, lui avait avoué *« Vous étiez imbattable. [...] Et je n'ai été élu que grâce aux 550 000 voix que m'a apportées Jacques Chirac au deuxième tour. Vous n'avez qu'à regarder les chiffres. Sans ces 550 000 voix qui ont changé de camp, je ne pouvais pas être élu. »* et Pierre Joxe, ami de François Mitterrand, confirma en 2011 que Charles Pasqua, alors chef de campagne de Jacques Chirac, avait transmis des listes d'électeurs au parti socialiste pour qu'ils soient invités à voter pour François Mitterrand (*Le monde* du *2011-01-10*)

[iv] http://www.elysee.fr/videos/allocution-du-president-de-la-republique-4/

[v] http://www.rfi.fr/emission/20140515-france-jean-marc-ayrault-ancien-premier-ministre-

[vi] http://fresques.ina.fr/de-gaulle/fiche-media/Gaulle00382/conference-de-presse-du-31-janvier-1964.html

[vii] http://www.francetvinfo.fr/invite-valery-giscard-d-estain_597043.html

[viii] Reportage JT de France 2 du 1/10/2014

[ix] Ordonnance n° 58-1270 du 22 décembre 1958 portant loi organique relative au statut de la magistrature :

http://www.legifrance.gouv.fr/affichTexte.do?cidTexte=JORFTEXT000000339259

[x] http://www.rtl.fr/actu/politique/jean-pierre-raffarin-je-ne-sais-pas-qui-est-le-chef-de-la-majorite-video-5929039158